Kampvuurstories raak nooit op nie

Abel Botha

© Abel Botha 2018
Kampvuurstories raak nooit op nie

Uitgegee deur Abel Botha
Postnet Suite 459,
Privaat sak X4019,
Tzaneen, 0850
mwabelb@mweb.co.za

ISBN 978-0-6399251-0-3
Alle regte voorbehou. Geen gedeelte van hierdie publikasie mag sonder verlof van die uitgewer gereproduseer of in enige vorm *deur* elektroniese of meganiese middel weergegee word nie, hetsy deur fotokopiëring, skrif of bandopname of deur ander stelsel vir inligtingsbewaring en -ontsluiting

Uitleg en publikasie fasilitering deur Boutique Books.
Gedruk en gebind deur Digital Action

Vir Hannelie en Christa

Ander boeke deur die skrywer :

'n Vygiebedding vol sterre (digbundel)

Nederig voor die genade.. (Christelike boek)

Toe ashope nog kampvure was

As kampvuur-as eers wegwaai ....

Op soek na nog óú Kampvure

Die lewe is 'n storie

Voorwoord :

Kampvuurstories raak nooit op nie, ja. Want gelukkig is daar altyd nuwe kampvure tydens nuwe jag-naweke waar nuwe stories, sommige vars gemaak tydens die jag en ander óú stories, weer opgediep en oorvertel word. Want 'n kampvuur storie bly altyd lekker - om te vertel of om na te luister. Die resep vir 'n goeie kampvuur storie is eenvoudig - die hooftrekke moet die waarheid wees, sovêr die verteller dit eerlik kan onthou, en daar moet genoeg speserye by wees sodat dit darem interessant genoeg bly vir die toehoorders. Verder moet dit 'n goeie aanloop ook hê - sodat dit nie te vinnig verby is nie - en die mense om die kampvuur moet darem 'n ou ietsie in die glase of blikbekers ook hê om dit behoorlik te kan geniet. En elke storie moet 'n paar korreltjies humor inhê.

Soos in my vorige boeke oor jag en die ver plekke, is die stories in hierdie bundel ook almal ware stories wat ek of van my jagmaats om kampvure vertel het. Die meeste stories gaan oor jag of ander avonture. Maar daar is ook stories oor jag-verwante dinge soos jag-kampe en kos maak om die kampvuur, wat ook mos maar deel is van die hele jagervaring, net soos die alleenwees in die bos en die doodskiet van 'n bok.

Die pragtige storie van "Oom Johnnie en die vark" deur Johnnie Rech is, met sy toestemming, ook in hierdie boek ingevoeg - met groot dank aan hom.

Abel Botha Tzaneen 2017

INHOUD

1. 'n Wit kop en 'n grys baard — 9
2. Koedoe jag is nie maklik nie — 15
3. 'n Onwettige rooibok — 23
4. Krummelstywe pap — 31
5. 'n Pasella koedoe — 37
6. Schalk se mobiele koelkamer — 45
7. 'n Onvergeetlike tarentaal — 49
8. Oor teleskope en mikro tente — 57
9. Met 'n Anglia oor die Soutpansberg — 63
10. Bosvark jag — 69
11. 'n Sivet in die nag — 85
12. Nic se probleem — 91
13. Ek kry nie bloed nie, dit was mis! — 99
14. Pasop nou maar vir 'n bosbok! — 111
15. 'n Vlakvark vir 'n spitbraai — 119
16. Springhaasjag — 127
17. Oom Jimmy se jinx — 135
18. Oom Johnny en die vark (Johnnie Rech) — 147
19. 'n Swak skoot — 153
20. Water is gevaarlik — 161
21. Die jagter en die bos — 171

'n Wit kop en 'n grys baard

In jou eie kop word mens mos nie sommer oud nie. Dan dink jy mos maklik ander mense sien jou van buite af net so jonk as wat jy jouself van binnekant af sien, want hier van binne af lyk jy vir jouself mos nog altyd sewentien, of dertig of miskien veertig, hang net af waar jou kop laas vasgesteek het. Op dáárdie ouderdom waar jý gevoel het jy kan nog die wêreld versit. En ander mense behoort mos te kan sien jou kop is nog vlymskerp helder en jy loop nog kilometers ver in die jagveld. Dis nou te sê as jy nie te veel skete en kwale het van jou jong dae se rugby, of waarmee anders jy ook al jou liggaam opgemors het in die dae toe jy nog gedog het jy gaan vir ewig lewe nie.

Maar ongelukkig gee jou buitekant jou baiekeer weg - goed soos die baie plooie en hare wat al so witterig begin word. Of soos my baard wat iewers langs die pad so skelmpies in gryswit verander het. Veral as my vroutjie bietjie lank laas my gesig aan die kant gemaak het sodat my baard weer 'n slag te lank en woes geword het.

Nie dat grys hare altyd 'n waarborg van hogere ouderdom is nie - my ouboet se hare het al vóór dertig begin grys word. Of soos goeie vriend Anton

Kilian wie se hare sommer van kleins af al wit is - sy model het skynbaar so uitgekom.

Maar nou het enigiets in hierdie lewe mos sy eie stel konsekwensies. Só kom ons agter toe ons weer eenslag daar op *Barend* en *Piet*, die twee plase van my vriend Nic Fourie daar neffens Bloukop agter die Soutpansberg, gaan jag. "*Ons*" bedoelende nou my gereelde jagmaat Danwilh Ingram, Anton en ek. Ek en Danwilh wil elkeen graag 'n koedoekoei skiet en miskien 'n rooibok of twee. Anton se visier is op 'n eland ingestel, maar hy is darem ook 'n óú jagter wat weet dat mens nie 'n koedoe moet los wanneer jy hom in die veld kry nie - al soek jy eintlik 'n eland. Wat toe ook net so gebeur.

Ons is op pad om vir Anton en Samson, een van Nic se gidse, aan die noord-oostelike kant van *Piet* te gaan aflaai. Van daar sal hulle dan terug jag in die rigting van *Piet* se opstal. Ons ry langs die noordelike heining van *Piet* op en by die uitkykpunt bokant *Giam se koppie* hou ons eers stil om te kyk of ons nie iets sien nie - dis 'n ideale plek van waar mens nogal ver kan sien.

Ons het skaars uitgeklim of Danwilh sien koedoes teen die oorkantste rant. Hy is gewoonlik nogal vinnig om koedoes só raak te sien - ek moet nog baie mooi kyk voordat ek die grys skimme, wat perfek gekamoefleer is tussen die winter mopanies, nét-nét kan eien teen die vaal bosveld plantegroei. Hulle verdwyn agter *Giam se koppie* in en ons kan net hier en daar aan 'n horing wat bokant die koppie uitsteek, sien dat hulle daar gaan staan het.

Anton gryp sy geweer en hy en Samson loop koes-koes agter die dekking van die kruin van die koppie nader om óór die koppie 'n skoot te probeer inkry. Ek en Danwilh hou hulle van die bakkie af dop. Maar ai tog, daardie wit laphoed van Anton!

"Anton moet net daardie wit hoed afhaal," laat Danwilh hoor dat hy dieselfde ding as ek gedink het. "Daardie wit hoed steek omtrent af teen die vaal bos soos 'n spietkop se blou lig in die nag - die koedoes gaan dit myle ver kan sien."

Maar Anton se wit hoed bly op sy kop. Ek en Danwilh kan die koedoes nie meer sien nie, maar hulle is seker nog daar, want Anton druk die 30-06 se loop oor die koppie en dit lyk of hy aanlê op iets.

"Haal tog net af jou wit hoed!" praat ek weer met hom, al kan hy my nie hoor nie.

En asof hy tóg gehoor het, haal Anton uiteindelik sy hoed af.

Maar toe sien ons - toe ons voorheen gedink het sy hóéd is wit, het ons nog nie geweet wat wit is nie, want daardie spierwit hare wat nou wys, is sommer *baie* witter as die hoed! Dit skitter helder spierwit in die son!

Miskien was dit dalk voorbarig van my om vir Anton te lag, besluit maar self as jy verder lees.

Die middag ry ek saam met Nic en Samson op die paadjie van die opstal af in 'n suidelike rigting. Hulle gaan my aflaai naby die suidelike grens van *Barend*, waarvandaan ek gaan jag. Maar ons is nog op pad na my aflaaipunt, net waar ons deur die sand slootjie gaan, toe Nic die koedoes aan die oostekant van die pad oor die koppie langs die sand sloot sien wegkoes.

Ek klim af, loop deur die sand slootjie en begin versigtig die kop uitklim. Dis baie klipperig en koedoe se kind het mos radarskerms vir ore. Dus klim ek baie stadig. So halfpad teen die koppie uit, sien ek vir Nic en Samson so 500 meter verder, waar die paadjie afdraai wes in *Barend* in. Dit lyk of hulle gestop het, maar dan ry hulle weer verder.

Ek sien nie weer die koedoes nie, nie eers nadat ek bo-op die koppie lank met die verkyker die wêreld alkante toe gefynkam het nie. Ek is naderhand anderkant die koppie af en het die kamp oos van die koppie ook deur gejag, maar niks.

Ek vermoed die klompie koedoes het seker dié aand nogal met smaak vertel, daar by hulle watergat (of wat ook al koedoes nou eintlik gebruik as húlle kampvuur waar hulle ná werk uitspan), hoe hulle hierdie onnosel jagter ore aangesit het. En seker lekker agter die poot gesit en lag het vir die affêre.

Om óns kampvuur die aand, het ons met groot smaak vir Nic vertel van die episode van Anton en sy hoed. En wéér lekker gelag daarvoor. Maar my lag het gou opgedroog toe Nic vir my vertel:

"Jy lag nou so lekker, maar toe ons, nadat ons jou afgelaai het, daar voor om die draai ry in *Barend* se suidelike kamp in, stop Samson my mos. En dis toe dat hy my wys, en sê:

"Kyk bietjie daar, hoe ver kan mens daardie man se wit baard deur die bosse sien!"

Koedoe jag is nie maklik nie

In die jare toe my skoonpa nog op die plaas *Berghof* in die Karasberge geboer het, het ek elke winter probeer om een of twee koedoes te skiet wanneer ons daar gekuier het. En al was dit altyd maar 'n gesukkel, het ek darem meeste kere my koedoe of twee doodgekry. Want, alhoewel die res van die suide van Suidwes (of dan vandag Namibië) eintlik springbok en gemsbok wêreld is, was die Karasberge nog altyd die koedoes se winter spens.

Daar was, in die tyd toe ek elke jaar daar gejag het, geen gemsbokke nie en net 'n klein springbok troppie wat my skoonpa probeer oppas het, en ons dus nie geskiet het nie. Hulle het eintlik nooit rêrig daar aangepas nie - dit was nie springbok en gemsbok habitat nie. Maar daar was volop koedoes. En 'n koedoe of twee en twee skape moes maar altyd help om die groot koste van die ryery van die Republiek af na die Karasberge toe, te help verminder.

Maar, soos die titel van hierdie storie sê, is koedoe jag nooit maklik nie. En veral nie as jy hulle te voet wil jag soos hierdie bosveld jagter 'n paar keer (veral in die begin) probeer het nie. Want daardie wêreld is wyd, en die koedoes volmaak gekamoefleer en dan kan hulle skerp oë en ore jou natuurlik ook van vêraf al herken. Want jy is gewoonlik in die oopte en hulle iewers kunstig versteek in 'n bos of agter 'n kokerboom of gifbos.

Ek het dit 'n paar keer reggekry om hulle op die voet te jag, maar eers nadat ek hulle van ver af gesien het. En ook 'n ander gevolg van die te-voet jagtery leer ken het: dat, as jou bok eers lê, jy dit moet herwin van waar dit lê! En dis nie altyd maklik nie. Daar het ek eenkeer gesien hoe my skoonpa met sy ou Land rover bergklim soos 'n bobbejaan - hy het letterlik een klip op 'n slag met een wiel op 'n slag in donkie rat en uiters stadig, opgeklim om my koedoe te laai. Dit was geen wonder dat ons omtrent elke keer na so 'n episode, eers twee dae lank moes werk om die Land rover weer te herstel nie.

Later jare, toe ek begin agterkom het dat mens darem nou nie oral kan jag soos wat jy in die Bosveld jag nie, en dat jy jou jag metodes maar moet aanpas by die omgewing waarin jy jag, het dit heelwat beter begin gaan. Ek het agtergekom dat jy in die Karasberge die heel beste sukses behaal as jy met die voertuig ry en dan, waar daar 'n hoogtepunt is, met die verkyker moet sit en die hele wêreld fynkam. Wanneer jy dan koedoes gewaar, kan jy op jou tyd 'n strategie beplan hoe om naby genoeg te kom om te kan skiet. Dan het jy ook gewoonlik tyd om mooi te kyk of jy jou koedoe maklik sal kan laai.

Maar in die tyd van hierdie storie het ek nog nie hierdie taktiek uitgepluis gehad nie - ek wou met die voet jag! En ek het my omtrent óp geloop agter skimme aan.

Eers het ek, op die goeie raad van my skoonpa, die klofie wat naby die huis begin en al kronkelend ver na die suidooste toe loop, gejag. As gevolg van die lang ent wat jy moet loop en die feit dat jy oral ver kan sien en dus die koedoes van ver af al sal kan gewaar (so het ek gedink), word jy naderhand agterlosig en kyk nie so fyn as wat jy moet nie. Met die gevolg dat die koedoes toe nét hier by my uit 'n groepie bome, waar ek gedink het nie eers 'n haas sal kan wegkruip nie, wegspring voordat ek nog eers my geweer kon regkry. Ek het hulle nie weer gesien nie.

Toe ek uiteindelik moeg geloop en met seer voete by die huis aankom, vertel my skoonpa my dat hy 'n trop koedoes by die een krip gekry het. Dus ry ek die volgende dag saam met skoonpa (soos ek buitendien elke keer gedoen het as ek nie koedoes met die voet probeer jag nie), maar ons sien die ganse dag nie 'n enkele ding nie.

Die volgende oggend vroeg roep my skoonpa my:

"Kom kyk bietjie hier," sê hy waar ons in die voortuin van die huis staan, "hier het die koedoes laas nag my plante in die tuin afgevreet."

Hier by die huis! En dit terwyl ek my malle verstand agter hulle aan jag op die res van die plaas! Ek vat my geweer en waterkannetjie, en begin loop op die koedoe spore. Die spore loop reg oos, al op die paadjie waar ek en skoonpa gister gery het. Dis moeilik om die spore oral te sien as gevolg van die kaiingklippe wat die hele wêreld vol lê, maar ek volg maar die algemene rigting en kry hier en daar op sanderige kolle weer die trop se spore.

Teen die middag se kant verloor ek die spore heeltemal. Al is dit winter, brand die sonnetjie maar on-genadiglik hier tussen die kaiingklip rante. Ek draai maar om en loop huis toe, waar ek na 'n lang ruk doodmoeg aankom.

My swaer, Johan Blaauw, wat in daardie tyd op my skoonpa se buurplaas, *Erasmusputs* geboer het, sit in die kombuis en koffie drink toe ek daar aankom. Nadat ons gegroet en ek hom van my mislukte jag pogings vertel het, sê hy:

"Maar jy moes saam met my gekom het, ek het vandag op vier verskillende plekke koedoes gekry!"

So werk koedoe jag mos, en ons spreek af dat hy my die volgende oggend sal kom oplaai, dan sal hy my gou 'n koedoe laat skiet.

Die volgende oggend vroegerig stop Johan voor die huis. Ek vat my waterkannetjie en geweer en klim by hom in. Ons ry feitlik die hele *Erasmusputs* en 'n groot stuk van *Berghof* deur so deur die loop van die dag. Orals waar daar hoogtepunte is waar ons ver kan sien, sit ek en hy met die vêrkykers en bespied vir 'n lang ruk die oorkantste rante, vir sovêr as wat ons kan sien. Maar ons sien weereens die hele dag nie 'n enkele koedoe nie.

Laterig die middag kom ons by die huis. My skoonpa en skoonma het al klaar geëet, en albei lê 'n bietjie ná die ete, soos hulle gewoonte was. Maar my skoonma staan op en maak vir ons elkeen 'n bord kos warm op die gasstoof op twee potte met kookwater. Net toe ons klaar geëet het, kom my skoonpa ook ingestap ná sy middagslapie.

"Ek het vandag in hierdie klofie opgestap wat hier van die skaapkraal af noord loop, waar ek gister die slagyster vir die rooikat gestel het," sê hy terwyl hy sy pyp opsteek en behaaglik 'n paar trekke vat, "en daar loop ek toe sowaar in 'n groot koedoebul vas. Hy was so naby dat ek hom amper met 'n klip kon gooi en hy het net vir my gestaan en kyk - as ek 'n geweer gehad het kon ek hom net daar doodgeskiet het."

Nou kan jy dit nou glo! Ek het teen hierdie tyd al begin voel soos wat Helm Jooste, die skrywer van drie pragtige kontrei boeke (*Daar doer in Duitswes*, *Dinge daar doer* en *Verdriet se moses*) se rugbyafrigter op hoërskool vir hom gesê het:

"Jooste, jy is altyd daar waar die bal *was*!"

So het ek ook gevoel - ek is altyd daar waar die koedoes *was*! Want dis toe nou presies wat ek die volgende dag doen: ek loop daardie klofie op tot waar dit doodloop, toe oor die rante en met 'n groot draai terug huis toe. Maar weereens - geen spoor van 'n koedoe nie!

Die volgende dag help ek my skoonpa met 'n paar werkies om die huis en by die skaapkraal. Elfuur hou Johan op die werf stil. Agter op sy Land rover sien ek iets uitsteek - iets wat ek nie eintlik wil sien nie. Want dit lyk soos 'n koedoehoring wat daar uitsteek!

Maar ek was verkeerd - dit was nie 'n koedoehoring nie, in elk geval nie net één koedoehoring nie. Want agter op die bak lê daar nie een nie, maar twee koedoebulle!

Terwyl ons die koedoes op die sementblad onder die slagbalk aflaai, vertel Johan vir ons die storie:

"Onthou jy daardie krippie waar ek eergister vir jou gesê het dat jy mooi moet kyk omdat ek baie keer daar koedoes kry? Nou ja, dit was net toe ons na die krippie toe aangery kom dat ons die koedoes gewaar, so 'n entjie teen die rant af onderkant die krippie. Toe ons by die krippie stilhou en afklim, het hulle nog steeds nie weggehardloop nie. Ek haal toe my geweer uit die Land rover, loop tot by die sementdam en met dooierus teen die sementdam se wal, skiet ek die een bul dood. Die ander koedoes het so 'n ent teen die helling afgehardloop.

'Hulle staan weer daar onder!' sê my Nama handlanger, 'kom ons gaan nader dan kan ons nog een skiet!'

Ons loop toe so koes-koes agter die eerste noenibosse teen die rant af, 'n hele entjie. En sowaar, daar staan hulle nog steeds! En dis toe dat ek die tweede bul ook skiet. Hulle draf so 'n effense draai en kom staan sowaar nét hier by ons!

'Hulle staan doodstil!' sê die Nama, 'skiet nog een!'

Maar toe ek die slot oopmaak, is daar niks patrone in die magasyn oor nie! Ek kan nie skiet nie, sê ek vir hom, my patrone is op en die ander patrone lê doer bo in die bakkie.

En sowaar, daardie koedoes staan nog steeds en kyk, maar naby! Soveel so dat die Nama opstaan, sy hande klap en vir hulle sê:

'Loop, loop julle! Ons het nie nog patrone nie, ons kan nie nog een van julle skiet nie! Toe voertsek nou!' "

Sovêr as wat ek kan onthou, was dit die eerste en enigste keer in my lewe dat ek met 'n koedoe, wat 'n ander man geskiet het, se vleis huis toe gery het!

'n Onwettige rooibok

Goed dan, miskien nou nie heeltemal onwettig soos in tronk-sake of so nie, maar eerder soos in 'n rooibok wat gejag is sonder die plaaseienaar se toestemming. Wat seker net so erg is - as jy 'n grootmens is.

Maar in hierdie storie was ons nog nie rêrig so groot as wat ons tóé gedink het ons was nie, dit was immers amper vyftig jaar gelede. Ek was seker so in standerd sewe of agt, wat beteken dat Karl seker omtrent in standerd ses was en Jopie in standerd vyf. Dis nou vriend Karl Osmers en my kleinboet Jopie. En die plaaseienaar in hierdie geval was Karl se pa, oom Boet Osmers, in die tyd kort nadat hy die plaas *Cohen* agter die Soutpansberg gekoop het.

Oom Boet was, net soos sy twee ouer broers, oom Fred en oom Alex, 'n ware grootwildjagter. En soos enige ware jagter, was hy intens lief vir die natuur en die wild in die natuur, wat dan ook die rede was waarom hy *Cohen* gekoop het. Die plase agter die berg was in daardie tyd feitlik uitsluitlik veeplase, meesal beesplase, maar sommige boere het boerbokke ook daar aangehou. En, anders as oom Boet, het die beesboere agter die berg in daardie jare wild beskou as 'n ergernis en kompetisie vir hulle beeste, veral in droogtejare wanneer weiding kritiek skaars was. Van wildbewaring was daar, met enkele uitsonderings, geen sprake nie.

Oom Boet was anders. Alhoewel hy ook vee aangehou het, was sy groot doel met *Cohen* om die wild op die plaas te vermeerder tot so 'n mate dat hy en sy seuns darem sou kon jag sonder om bekommerd te wees dat die wild heeltemal uitgeroei sou word.

Om hierdie rede het oom Boet van die heel begin af met 'n plan en 'n visie na hierdie doel toe gewerk. Hy het oral drinkplekke vir die wild binne in die plaas geskep en homself en sy seuns streng beperk met die jagtery. Omdat hyself 'n jagter was, het hy hulle nie die kans misgun om te jag nie, maar hulle moes baie selektief jag en ook net naby die grense van die plaas, sodat die wild binne in die plaas gerus kon word dat hulle nie dáár gepla sou word nie. En hulle mag ook net gejag het wanneer hy hulle toestemming daartoe gegee het.

Van hierdie dinge was ek net vaagweg bewus toe ek en Jopie daar in 1967 of 1968 eenkeer saam met Karl en sy ouers plaas toe was. Trouens, ek het eers baie jare later besef dat die rede hoekom *Cohen* vandag een van die beste jagplase agter die berg is, uitsluitlik te danke is aan die visie en toewyding wat oom Boet in daardie vroeë jare aan die dag gelê het.

Maar nie een van ons drie het daardie Saterdagoggend toe ek, Karl en Jopie van *Cohen* se opstal af wegloop, eers enige gedagte gehad om 'n bok te skiet nie. Ek het my Mauser .22 gedra, want ons was toegelaat om tarentale en fisante te skiet. Van die huis af het ons in 'n oostelike rigting, deur die sand-sloot, in die tweespoorpaadjie geloop.

Nadat ons 'n hele entjie so geloop het, sien ons skielik 'n yslike koedoebul net regs van die paadjie. Ons gaan al drie sit en vergaap ons aan hierdie pragtige bok wat, met sy massiewe horings feitlik teen sy rug gedruk, besig is om aan 'n groterige Mopanieboom se blare te vreet. Dis vir ons 'n wonderlike ervaring om hierdie manjifieke koedoe te sit en bekyk op 'n afstand van seker twintig meter - die bok wéét nie van ons nie. Hoeveel keer het ek nie in later jare, toe ek self probeer koedoes jag het, gewens dat ek 'n koedoe weer so sou kon raakloop nie! Die prentjie van daardie koedoebul moes seker in my brein "ingebrand" het, want ek kan vandag nog, as ek my oë toemaak, daardie koedoe amper net so helder in my gedagtes sien as wat ek dit 50 jaar gelede in die werklikheid gesien het.

Nadat ons 'n hele ruk so gesit en kyk het, staan ons saggies op en loop uit die paadjie in die bos in, sonder dat die koedoe ons gewaar. Nou loop ons min of meer in 'n noordelike rigting in die bos in. Daar is omtrent nie 'n luggie wat trek nie - dis eintlik onnatuurlik stil. Mens kan amper sê drukkend stil, soos in die stilte voor 'n storm.

Dan begin die blare van die bome roer. En skielik, sonder waarskuwing, kom daar 'n wind deur die bome aan gesuis. En toe begin daar iets wat ek nog nooit daarna in die Bosveld belewe het nie: 'n regte stofstorm! Dis 'n woeste wind wat waai, en die stof is so erg dat ons omtrent nie verder as 15 tree kan sien nie. En die wind hou nie op waai nie, dis rêrig feitlik 'n stormsterkte wind.

Toe ons na seker 'n halfuur se gebeur teen die wind, agterkom dat hierdie storm nie gou gaan bedaar nie, besluit ons om terug te loop huis toe. Die probleem is, watter kant toe is die huis? Ek en Jopie het natuurlik geen idee waar dit presies is nie, maar selfs Karl is, met die beperkte sig wat ons het, nie presies honderd persent seker in watter rigting ons moet loop nie. So loop ons, sonder dat ons dit besef, noord van die huis verby in 'n westelike rigting.

En die stofstorm wil nie bedaar nie. Selfs Karl moet naderhand erken dat ons waarskynlik verdwaal het, want ons moes lankal by die huis uitgekom het. Onthou dat oom Boet die plaas ook nog nie lank gehad het nie, so Karl het ook maar nog net 'n paar keer alleen op die plaas rondbeweeg. En met die beperkte sig in die stofstorm is dit vir hom ook moeilik om te weet presies waar ons is.

Dan, uiteindelik, bedaar die stofstorm. Maar dit stop amper net so skielik as wat dit begin het, want die een oomblik kan ons nog amper niks sien deur die siedende wind en stof nie, en die volgende sekonde is alles skielik amper grafstil. Soos wat die stof sak en ons weer verder en verder kan sien, besef Karl dat ons waarskynlik by die huis verby geloop het. Hy draai meer suid om die paadjie wat van die huis af in 'n westelike rigting loop, te probeer kry. (Hier moet ek net sê dat ek die roete wat ons daardie dag geloop het, eers jare later toe ek die plaas beter leer ken het, kon uitpluis)

Dan, net wanneer ons begin loop, staan hier skielik 'n yslike groot rooibokram net hier links van my in 'n oop kol in die bos. Ek draai na die ram, dis seker nie tien tree van my af nie. Jopie en Karl is nou agter my, en ek hoor net hier van agter af 'n gesis:

"Skiet! Skiet!"

Nou ja, as Karl sê skiet, dan skiet ek!

Maar dit was nie Karl wat gepraat het nie, maar Jopie, wat net so min as ek die reg gehad om so te sê!

Maar omdat ek dit nie weet nie, skiet ek die rooibok agter die blad met die .22. Nou gebeur daar 'n snaakse ding: die rooibok bly op een plek al in die rondte te tol! Elke keer as ek weer die blad oop sien, skiet ek weer, maar die rooibok hou net aan met tol!

Na die vyfde skoot (en die laaste in die magasyn), stop die rooibok uiteindelik sy gerondtollery, begin waggel, en slaan dan dood neer. Dit was my eerste rooibok.

"Nou is ons in groot moeilikheid," sê Karl, "my Pa gaan ons afslag!"

"Maar julle het dan gesê ek moet skiet," antwoord ek, terwyl ek skielik 'n ernstige hol kol op my maag ontwikkel.

"Dis nie ek wat gesê het jy moet skiet nie," sê Karl, en hy kyk vir Jopie.

Jopie lyk erg verleë.

"Ek was te opgewonde oor die rooibok wat so naby is, ek het nie gedink aan wat oom Boet sal sê nie. Wat nou?" sê hy benoud.

"Ja, ek weet nie," sê Karl, "bly julle hier by die rooibok dan sal ek huis toe loop en eers met my pa probeer praat, hy gaan baie kwaad wees!"

Dit was 'n baie lang en benoude wag wat ek en Jopie daardie dag by die rooibok moes doen totdat oom Boet, Karl en ou Frans (wat by oom Boet gewerk het), uiteindelik daar opdaag. Nou of dit dalk die vrees vir oom Boet was wat my verstand "uitgeblok" het, weet ek nie, maar ek kan om die dood vandag nie meer onthou of hy met my geraas het nie. Ek glo amper nie, maar omdat hy self 'n óú jagter was, het hy van 'n baie beter manier geweet om my te straf.

"Hier dra elke man sy eie bok," sê oom Boet vir my, "maar ek sal darem dat Frans jou help dra."

Nou moet jy net onthou: ek was maar 'n tingerige outjie so vroeg in my hoërskooljare, en dit was 'n gróót rooibokram. Trouens, baie jare later het Karl se broer Henk my vertel dat dit die grootste rooibok (op daardie stadium) was wat nog ooit op Cohen geskiet was. En oom Boet het my aan die kopkant laat dra. Hy het dat Frans 'n langerige mopanie paal kap, en ons het die rooibok aan hierdie paal gedra. Die twee voorpote is inmekaar gehaak en so ook die twee agterpote, en die paal tussen hierdie voor- en agterpote deurgesteek.

Dit was bitterlik swaar dra vir hierdie tingerige laaitie - die rooibok kop met die allemintige stel horings het my kort-kort gepootjie sodat ek 'n paar keer amper neergeslaan het. Die paal met die rooibok, wat verseker heelwat swaarder aan die kopkant was as agter, het in my skouer ingesny. En ons moes ver dra. En omdat ek baie korter was as Frans, was die gewig verseker baie meer op my skouer as op syne.

Toe ons uiteindelik by die tweespoorpaadjie uitkom waar ons die rooibok kon neersit, wou ek omtrent al flou neerslaan, en ek was skoon naar van uitputting.

Maar ek het my les geleer: nooit ooit weer sou ek op iemand se plaas iets doodskiet (selfs nie eers 'n muis nie) sonder die uitdruklike toestemming van die eienaar self nie!

Krummelstywe pap

My vriend Nic Fourie is nie 'n man wat van enige fênsie kos hou nie. Vir hom is *kos* meesal braaivleis en pap - maar nie enige vleis nie - nee, bees is mos maar die enigste soort vleis wat daar is vir iemand wat in die bosveld grootgeword het. Soos byvoorbeeld 'n "tieboun" of fillet. En dan stywe pap, bosveld pap. Nie hierdie gaar-mieliemeel-goed wat party Vrystaters of Natallers pap noem nie. Al noem hulle dit nou ook *krummel*pap. Nee, stýwe pap, wat jy in 'n bolletjie kan rol en in die sheba kan druk - tamatie-en-uie sheba wat nie óór die pap gegooi moet word nie, maar lángs die pap in die bord geskep word.

Hy eet darem af en toe groente ook, maar dan moet dit goeie groente wees soos skaap of vark. Jy sal hom nie sommer vang iets eet wat uit die see uit kom nie. Wie weet watter onheilighede vang die visse nie alles in die see aan nie, en dan moet jy iets dááruit eet? Nee, 'n kurper in 'n plaasdam gevang, net daar langs die dam goudbruin en krakerig gebraai, sal hy nog eet, af en toe. Dis mos darem immers 'n bosveld vis. Veral as daar miskien pap by is.

Nou is dit natuurlik ook waar dat nie alle mense op aarde met dieselfde talente geseën is nie. Soos byvoorbeeld die talent om pap te kan maak wat aan Nic se hoë standaarde voldoen. Soos ou Sanna, voor wie Nic grootgeword het en wie soms tydens jag naweke op *Barend* kom uithelp, se pap wat net die regte tekstuur het. Of Samson se pap, die slag as Sanna nie daar is nie. Regte bosveld stywepap.

Daar is seker ander ouens ook wat kan pap maak volgens Nic se standaarde. Hy eet darem my broer Jopie se pap ook sonder te veel kommentaar, alhoewel dit waarskynlik vir hom nie heeltemal styf genoeg is nie. Ekself het ook nogal voorheen gedink ek kan pap maak (Nic het nog nooit oor my pap gekla nie). Maar die spul skurke daar op *Lagerdraai* buite Dendron waar ons gereeld jag en wie ek voorheen nogal as goeie jag-vriende gereken het, het mos 'n moratorium op my papmakery geplaas - ek mag nie meer daar pap maak nie. En dit nou net oor een keer se ou floppie, wat nie eers heeltemal een honderd persent my skuld was nie.

Eenslag toe ek en Danwilh en nog 'n paar ander manne weer op *Vrienden* gaan jag, kom Nic en sy vriend Nico Schoeman vir ons kuier. *Vrienden* is die plaas wat my neef Ossie Osmers gehad het daar by Huntleigh agter die Soutpansberg. Dit was in die dae toe Nico nog kón kuier (hy drink al vir 'n paar jaar glad nie meer nie), en toe hulle die Saterdagmiddag laterig daar afklim, kon ons sien dat hulle al wel deeglik gekuier het. Veral Nico. Hulle is baie vrolik en Nico is buitengewoon spraaksaam. En slim.

Ons ander manne, wat uit die veld gekom het nét voordat Nic en Nico daar opgedaag het, is besig om vuur te maak en vir onsself ook ietsie te skink. So sit ons lekker om die kampvuur en kuier terwyl ons luister na die diep filosofiese wyshede wat Nico kwytraak. Of dan diep filosofiese wyshede duidelik net volgens Nico self, ons ander om die kampvuur sou dit nou nie rêrig as sodanig klassifiseer nie. Dis ook duidelik dat Nic dit hoegenaamd nie as so diep óf so filosofies beskou nie, want hy betwis omtrent elke wysheid wat Nico kwytraak.

Naderhand vra Nic: "Nou wie gaan vir ons pap maak?"

"Ek sal!" sê Nico, en spring sommer op.

"Nee, sit!" sê Nic, "ons soek nie daardie krummelpap gemors van jou nie."

"Ek sal gaan maak," sê ek en stap kombuis toe om te gaan water kook. Ek gaan sommer in die kombuis op die gasstoof pap maak. Ek staan en wag dat die water in die kastrol kan begin kook dat ek die mieliemeel so bietjiesgewys kan inroer sodat die pap nie klonte maak nie. Dan kom Nico ingeloop.

"Wag, ek sal jou help," sê hy, en gooi sommer 'n hoop mieliemeel op een slag in die nog koue water, soos hy seker gewoond is om sy krummelpap te maak. Hoe gaan ek nou my stywe pap uit hierdie spul gemaak kry?

"Nee jong," sê ek, "nou moet jy maar aangaan met die pap," en ek stap vuur toe.

"Het jy klaar die pap opgesit?" vra Nic.

Nee," sê ek, "Nico het daar ingekom en my hele papmakery oorgeneem.

"Jy kan nie daardie ou alleen daar los nie," sê Nic, "hy gaan ons pap op donner!"

"Hy het dit klaar op gedonner, dis hoekom ek geloop het," sê ek.

Nic spring op en loop kombuis toe. Ek loop agterna.

"Nee magtig man," sê hy vir Nico, "wat de donner het jy nou met die pap aangevang? Ek het gedink jy kan kos maak, maar nou het ek sommer al my respek vir jou verloor!"

Nic gryp 'n vurk en probeer om die mieliemeel alles deur te roer om die klonte uit die pap te probeer kry. Hy klits naarstigtelik deur die mieliemeel in die pot. Dit lyk naderhand of hy dit amper begin regkry, maar daar is te veel water in en hy gooi bietjies-bietjies meel by, en hou aan roer, nou met die paplepel. Dit vat baie lank en heeltyd trap hy vir Nico uit wat eerstens ons pap so opgefoeter het en tweedens vir hom wat Nic is, soveel werk veroorsaak het om sy gemors te probeer regmaak. Naderhand begin dit darem amper soos stywe pap lyk.

"Jy sien," sê hy vir Nico, "dis mos soos pap moet lyk."

Maar dis nog 'n klein bietjie te slap, en hy wil net nóg meel bygooi toe Nico hier van die kant af bykom en sommer 'n halwe beker koue water bygooi.

Ek dog Nic kry net daar 'n beroerte!

'n Pasella koedoe

Dit was terselfdertyd een van my beste én slegste jagte ooit. Hoe kan dit wees? Wel, die jag was uitstekend, maar die kamp en een of twee van die ouens wat saam gekuier het *in* die kamp, nou ja, dit was rêrig nie so lekker nie. Want hierdie paar ouens was nie jagters nie. Miskien was hulle gewoonte-suipers of iets, ek weet nie. Hulle was ook darem nie nét *sleg* in alles wat hulle gedoen het nie - hulle kon nogal *goed* raas en skreeu tot diep in die nag wanneer ordentlike jagters probeer slaap. En as ek sê kamp, bedoel ek nou nie die jag-hutte en kuierplek nie, dit was heeltemal goed gewees. Ek bedoel eintlik die feit dat daar heeltemal te veel mense in die kamp was - ek wil nie so jag nie. Gee my een of twee jagmaats en ek is gelukkig.

So 'n paar jaar gelede bel my ingenieurs vriend, oorlê Dietlof Basson, se vennoot Johan van Rensburg my en vra of hy my op Tzaneen kan ontmoet. Ek ken hom maar effentjies, het eintlik nog net oor die telefoon met hom gepraat, maar tydens ons ontmoeting oor ete vra hy of ek bereid sal wees om hom en sy tegnikus oor die telefoon te help met die ingenieurs-ontwerp sagteware wat ek gebruik. Ek sê dat ek hom met graagte sal help, en hy bel my 'n paar keer, waar ek vir hom en die tegnikus, elke keer seker so vir 'n halfuur, oor die telefoon raad gee oor die gebruik van die sagteware.

Hier na die derde of vierde dag bel hy my weer en sê, baie dankie, hy en die tegnikus het dit nou reggekry en hulle projek is nou afgehandel. Hy vertel my ook dat ek op die plaas wat hy en Dietlof saam besit, moet kom jag. Ek bedank hom en sê dat dit rêrig nie nodig is nie, ek help baie ouens met die sagteware en dis net 'n plesier. Maar hy hou aan en sê dat ek dit verseker moet doen.

Nou ja, ek is ongelukkig nie die soort ou wat so iets nou sal gaan staan en dryf totdat dit gebeur nie, so ek los die saak daar. So gaan die eerste jaar se jagseisoen verby.

Die volgende jaar bel Johan my weer.

"Jy het toe nooit laas jaar kom jag nie," sê hy vir my, "hierdie jaar moet jy nou definitief kom."

"Johan," sê ek, ek kan mos nie sommer net gaan en gaan jag nie, julle moet darem mos daar wees en nie ander jagters hê nie, en so."

"Hannes kom een of ander tyd hier jag," sê Johan, "sorg dan dat jy saam met hom kom die naweek wat hy reël."

Hannes Muller is 'n goeie vriend van my, ons was kollegas by die Tzaneen Munisipaliteit waar hy op daardie stadium nog gewerk het. Hy doen baie tekenwerk en opmetings vir Dietlof en Johan.

Daarom bel ek vir Hannes en hy sê dat wanneer hy die naweek gereël het, hy my sal kontak en dan kan ons dit van daar af verder vat.

Nou ja, so is die naweek toe gereël en ek is saam met Hannes plaas toe. As ek reg kan onthou, was dit die eerste of tweede naweek in Junie. Omdat ek nie weet presies waar die plaas is nie, ry ek agter Hannes aan. By Steilloopbrug draai ons regs, deur 'n magdom afdraaipaadjies, maar darem nie te lank nadat ons van die teerpad afgedraai het nie, is ons op die plaas. Nou eers sien ek daar is 'n hele skare mense saam met Hannes in die kamp. Dis sy hele Water afdeling van die Tzaneen Munisipaliteit (al die ouens wat in die veld onder Hannes werk), Hannes se pa en broers, nog 'n vriend van sy pa en selfs 'n kontrakteur ook nog boonop! Ek is verslae, ek oorweeg dit selfs om terug te ry huis toe, as ek net geweet het hoe om weer daar uit te kom. So baie mense!

Kyk, ek sal (baie meer as gewoonlik) moet lieg as ek moet sê dat ek nie Hannes se pa en broers se geselskap geniet het nie, hulle is baie aangename mense. Die hele gesin saam maak die wonderlikste musiek en hulle gesamentlike stories sal seker 'n hele paar boeke volmaak. En twee of drie van die ander ouens was ook baie goeie geselskap. Maar ek is nou maar een maal nie 'n tropdier nie - ek is baie eerder 'n luiperd as 'n blouwildebees. So ek sou baie eerder graag op 'n ander geleentheid nét met Hannes se familie wou kuier as saam met hierdie skare raas-gatte.

Daardie eerste nag reeds, toe twee van die *baie* dronk manne begin skreeu en kliphard met mekaar stry, hier láát in die nag, het ek amper my goed gevat en iewers in die bos, ver weg van die kamp af gaan slaap. Ek wou net nie vir Hannes se pa in die gesig vat nie, anders het ek dit dalk gedoen.

Die volgende oggend vroeg ry ons na Johan toe by die plaas se opstal - Dietlof is ook daar. Genadiglik is ons net drie of vier manne wat gaan jag, die ander het lyk my net saamgegaan vir die kuier. So in die ry na die opstal toe hoor ek by Hannes dat een van Waterwese se kontrakteurs hulle naweek sponsor - g'n wonder die hele kasarm is saam nie! Al die vleis wat gejag word (behalwe die bok wat Johan vir my skenk), sal op Tzaneen verwerk word, en die biltong en droë wors dan tussen al die manne verdeel word.

By die opstal aangekom, en net nadat ons vir Johan en Dietlof en hulle vrouens gegroet het, is my eerste vraag:

"Johan, jy het gesê ek moet hier kom saamjag, maar nou moet jy vir my sê, wat se bok mag ek skiet?"

"Nee," sê Johan, "ons moet maar kyk wat jy kry, in elk geval moet jy saam met my ry om te gaan jag."

Nou ja, nou weet ek nog nie wat ek mag skiet en wat nie. Ek kan mos nie sommer sê maar 'n eland gaan skiet en dan moet ek dit dalk betaal omdat dit nie in die "gratis bok klas" val nie. Dit gaan mos soms vinnig in die bos en ek weet nie of Johan bedoel ek moet heeltyd saam met hom jag nie, en buitendien, wie weet of daar altyd tyd is om te vra? Hannes het darem ook gesê dat ek, as ek my pasella bok klaar gejag het, vir hulle ook kan jag: rooibokke, koedoes of blouwildebeeste. Daardie bok se vleis sal dan tussen ons almal gedeel word.

So ry ek en Johan in sy Land cruiser by die opstal weg. Die ander manne ry saam met Dietlof. Maar dis ruig! Ek verwonder my hoe mens op hierdie plaas gejag gaan kry. Johan ry teen die baie steil berg op. Bo-op die berg stop hy en klim uit met sy verkyker.

"Ons sien baie keer koedoes en wildebeeste op daardie oorkantste rant," sê hy en wys waar dit is. "Hmm, ek sien net sebras daar" sê hy na 'n lang ruk, "nee wat, kom ons ry."

So het ons die hele oggend rondgery en oral gestop en gekyk, sonder om rêrig iets te sien wat ons kon skiet. Toe hy my na middagete omtrent halfdrie by die kamp kom oplaai, pols ek hom:

"Johan, kan ons nie dalk maar loop en jag nie, dalk is ons meer suksesvol."

"Jong ja," sê Johan, "jy sien self hoe ruig is hierdie wêreld, jy kan omtrent nêrens in die bos inkom om daar te jag nie. Maar ons kan in die paadjies langs loop as jy rêrig eerder met die voet wil jag."

So loop ek en Johan al met die paadjies langs, terwyl ek my verkyk aan die digte bos waardeur jy beswaarlik kan sien, wat nog te sê te probeer inkom. Dan, wanneer ons om 'n draai in die paadjie kom, sien ek skielik iets swart in die bos. Ek gaan sit onmiddellik en druk sonder enige ontsag my plaaseienaar met my regterhand agter my in.

Dis blouwildebeeste, binne-in die bos. Ek sit op my boude en korrel op die een wildebees wat effens meer oop staan as die ander. Maar die wildebees is net effens oper, ek kry nie 'n oop skoot nie, ek kan nie eers sien of dit 'n koei of 'n bul is nie.

"Ek gaan maar wag totdat dit só beweeg dat ek 'n oop skoot het," fluister ek saggies vir Johan. So sit ek vir 'n hele tyd lank deur die teleskoop en korrel op die wildebees en wag dat hy in 'n oopte inbeweeg.

Daar is nog ander wildebeeste ook hier links van my, agter nog digter bosse. Dan hoor ek een van hulle blaf.

Maar 'n blouwildebees blaf mos nie, 'n koedoe blaf, flits dit deur my gedagtes. Die volgende oomblik loop hier 'n koedoekoei reg voor my teleskoop in - seker nie tien tree van my af nie! As haar blad voor my kruishaar verbygaan, trek ek die sneller.

"Het jy na die wildebees geskiet?" vra Johan, net so oorbluf deur die koedoe wat skielik uit die niet verskyn het.

"Nee, die koedoekoei," antwoord ek, "sy het reg voor my teleskoop ingeloop!"

Ons het omtrént gesoek na daardie koedoekoei. Dié plekke waar ons in die bos kon inkom, was so getrap met spore dat ons net nie haar spore tussen die ander kon herken nie. So het ek maar my beproefde metode van halfsirkels oor die rigting van die spoor soek, gebruik, maar ons kon nog steeds niks kry nie. Naderhand sê ek vir Johan:

"Hierdie koedoekoei kon maksimum miskien 110 meter ver kom met hierdie skoot deur haar lyf. Maar dis so bebos hier dat ek nou in die paadjie 'n 100 meter gaan aftree in die rigting waarheen sy gehardloop het, en daar in halfsirkels soek. En dis toe waar ons haar dood kry - sy het seker 130 meter ver gehardloop. Dit lyk of die skoot mooi deur die hart én longe is.

" Hoe op aarde kon sy so ver hardloop met so 'n skoot?" vra ek vir Johan.

"Ek dink ek weet hoekom," sê Johan, "kyk na haar pens, ek dink sy is op die punt om te kalf. Haar oorlewingsdrang om die kalf te laat grootword, het haar so ver laat hardloop."

"In Junie?" vra ek vir Johan, "maar die koedoes by al die ander plekke waar ek jag, kalf dan gewoonlik in Januarie of Februarie. Dis hoekom ons net van einde Mei af koedoekoeie jag."

"Ja, dit is baie laat," sê Johan, "maar in hierdie wêreld is dit darem nie ongewoon dat party koeie in laat Meimaand nog kalf nie."

Nou ja, natuurlik het ek maar bitter sleg gevoel - watter ware jagter sou nie. Maar daar was nie 'n manier dat ek dit vooraf kon weet nie en daar was nou niks wat ek daaraan kon doen nie.

Na hierdie koedoekoei (wat Johan later besluit het ek moet as my pasella bok vat) het ek nog 'n pragtige groot en vet rooibokram ook geskiet, wat in Hannes se "kitty" ingegaan het om gedeel te word.

Maar daardie koedoekoei wat so voor my teleskoop ingeloop het en die groot rooibokram, het gemaak dat die hele kamp vol mense nie rêrig die lekker van die jag heeltemal kon bederf nie.

Schalk se mobiele koelkamer

Schalk Robinson was vir baie jare ons kampkommandant tydens die jaarlikse jagters kursusse wat ons altyd by die Bosveld Jagtersvereniging (BJV) gehou het. Maar nou is daar darem eers 'n paar goed wat ek jou oor die Robinsons moet vertel.

Die eerste ding is: 'n Robinson kán kos maak - nee, hulle mag maar. Maar dit kom ook al geslagte lank, want Schalk se pa, oom Philip of oom Flip soos ons hom genoem het, was deur sy hele leeftyd die ou wat altyd tydens kerkbasaars en skoolfunksies of watter geleentheid ook al, die kos gemaak het - soos waarskynlik sý pa voor hom. En ná Schalk het sy seun Philip ook 'n paar jaar lank die pos van kampkommandant by BJV beklee. En die Robinsons se kos kan met twee woorde opgesom word: ryk en oordadig. Of dan drie woorde, die woord lekker moet ook nog bykom (lekker miskien juis omdat dit ryk en oordadig was?)

Dan, die ander ding wat ek van die Robinsons moet vertel, is hulle organisasievermoë. En hulle jag kampe. Wat al twee baie met mekaar te doen gehad het. Want altyd wanneer ons kursus gehou het, het Schalk gewoonlik 'n dag voor die tyd al gegaan en die kamp ingerig. Wanneer ons dan daar opdaag met die kursusgangers, het dit omtrent soos 'n dorp gelyk: kombuis tente, tafels, gasbranders, seile op die vloere en elektriese ligte - selfs langs die paadjie na die long drops toe. Die kragopwekker het ver weg in 'n sloot gestaan sodat die geraas nie die Bosveldatmosfeer te veel versteur nie. En dan natuurlik, Schalk se mobiele koelkamer, waaroor hierdie storie eintlik gaan.

Hierdie koelkamer, wat dieselfde tipe koelkamer is wat op meeste jagplase gebruik word, was 'n belangrike deel van Schalk se kamptoerusting. Want nie net is al die bederfbare kos daarin gebêre nie, maar dit was ook onontbeerlik by die kursusse waar daar gejag is deur die kursusgangers. Ek sou reken dat daar maklik 10 of 12 rooibok karkasse in sou kon hang. En natuurlik, dit het al die instrukteurs se bier koud gehou!

Schalk het hierdie koelkamer vir hom op 'n sleepwa laat bou, sodat hy dit heen en weer kon sleep - hy het dit op sy eie jagtogte ook gebruik. Die koelkamer was omtrent 2.4 meter lank, 1.4 meter breed en 2.4 meter hoog. Dit was groen geverf, amper dieselfde groen as wat die munisipale elektriese meter kaste geverf is. As jy Schalk op die pad met hierdie mobiele koelkamer sien ry het, kon dit dalk amper vir jou soos een van hierdie waentjies waarmee perde vervoer word, gelyk het. En dit bring my by ons storie.

Schalk het die gewoonte gehad om, wanneer hy iewers uit die bos uit kom en taamlik grondpad gery het, by die eerste vulstasie op die teerpad te stop om net 'n slag te kyk of die mobiele koelkamer nog in orde is: die bande, sleepstang en sommer so in die algemeen. Eendag toe hy daarmee besig was, kom daar 'n vrou na hom toe aangeloop, maar sommer van ver af al begin sy hom goed uitvreet. Maar in hogere Ingels. Hóóg-op Ingels, soos in Houghton hoog-op. So hoog-op dat ek dit maar liewers in Afrikaans sal vertaal, anders sal my jagvriende dit nie verstaan nie. (My *Lagerdraai* jagvriende verstaan dan nie eers papmaak nie, so wat is die kanse dat hulle sulke hogere Ingels sal verstaan?)

"Meneer," begin sy van ver af, hoe kán jy so wreed wees?"

Schalk kyk haar verstom aan, waarvan práát die vroumens tog? Eers dog hy sy is dalk 'n "groene" wat iewers aan sy voertuie agtergekom het hy is 'n jagter. Maar as sy verder gaan, begin daar vir hom 'n lig opgaan.

"Hoe kan jy jou perde in so 'n toe waentjie sonder enige ventilasie vervoer!?" tier sy voort.

"Mevrou, dit is..." begin Schalk, maar sy praat hom dood.

"Iemand soos jy behoort glad nie perde aan te hou nie, dis onmenslik om diere só te vervoer. Die diere gaan mos versmoor in hierdie waentjie! Ek gaan jou verseker by die SPCA aangee, of sommer by die Polisie!" gil sy amper.

"Mevrou, asseblief, kan ek net...." probeer Schalk weer, maar sy gee hom nie kans nie.

"Nee, moet my nie nou probeer keer nie, jy moes daaraan gedink het vóór jy so onmenslik opgetree het. As jy my nie self jou naam en nommer wil gee nie, sal ek dat hulle jou deur jou voertuigregistrasie opspoor!"

Nou probeer Schalk nie weer om 'n woord in te kry nie. Hy stap na die agterkant van die sleepwa. Sy tou al pratende agterna. Hy maak die deur van die koelkamer wyd oop.

"Maar, dis dan 'n...." sê sy verdwaas.

"Ja mevrou, dis 'n mobiele koelkamer - amper soos 'n yskas op wiele. Dis wat ek heeltyd vir jou probeer vertel het vóór jy 'n groot gek van jouself maak. Maar jy het so aanhoudend gekyf dat ek dit nie kon doen nie."

"Ooo...", sê die vrou, en haar gesig word bloedrooi. Eintlik eerder 'n baie hoog-op Ingelse tamatierooi. Dan spring sy om, draf behoorlik na haar motor en trek met skreeuende bande weg.

'n Onvergeetlike tarentaal

Jy kry baie mense wat glad nie tarentaal eet nie. En as jy hulle 'n bietjie tyd gee, sal hulle vir jou nogal 'n hele klompie baie geloofwaardige verskonings kan uitdink hoekom hulle dit nie wil eet nie. Soos dat die ding te taai is om te eet of dat tarentale wurms het, of nog 'n klomp ander redes.

Ek is baie lief vir tarentaal, maar dan moet ek ook bysê dat daar so 'n paar dingetjies van 'n tarentaal is wat jy moet weet vóór jy dit in die pot sit. Dinge wat ek ook maar so met die jare geleer het. Dinge soos ja, 'n tarentaal hét wurms (net onder die vel), maar net in die somermaande - of dan ná die eerste somerreën. Of in die maande met die erre, het die oumense ook geglo. So skiet jou tarentaal in die winter, dan het dit nie wurms nie.

En ja, 'n tarentaal kán taai wees, as jy hom nie hanteer soos wat ek jare gelede by die Suidwesters geleer het nie. Eerstens moet jy nou nie 'n Rowland Ward tarentaal gaan staan en skiet nie - los maar eerder die oupagrootjies in die trop dat hulle van natuurlike oorsake kan vrek. Of dat 'n katterige ding hulle op hulle oudag kan vang. So as jy kan, skiet maar 'n jongerige tarentaal. En groot asseblief: as jy dalk een wil skiet om in 'n oomblik van spontane naasteliefde vir my persent te gee, skiet dit tog met 'n .22 en nie met 'n haelgeweer nie - maak nie saak wat die jag-etici jou probeer wysmaak nie. Want tandkrone is hond-duur en selfs stopsels wat deur haelkorrels verwoes word so met die byt-slag in die tarentaal, kos deesdae ook al 'n arm en 'n been. En ek het al deur die jare 'n paar van elk van bogenoemde afgeskryf deur tarentale wat met fynhael geskiet is.

Maar die groot geheim, so het die Suidwesters my destyds geleer, kom wanneer jou tarentaal eers dood is. Want jy trek nie 'n tarentaal se vere uit soos jy byvoorbeeld met jou werfhoender sou maak nie, nee, jy slag dit af soos wat jy 'n bok sou slag. ('n Tarentaal se velletjie is in elk geval nie lekker soos 'n hoender se vel nie).

So maak jy: maak 'n klein snytjie deur die vel nét onder die tarentaal se krop. Druk jou twee vingers deur hierdie gaatjie en trek die hele tarentaal se vel met vere en al af. Op die vlerkpunte en by die kop en pote kan jy deur die beentjies sny sodat die hele vel kan loskom. Nou kan jy die binnegoed verwyder.

Dan die volgende geheim: 'n tarentaal, soos trouens enige wildsvleis, wil *baie* stadig gekook word in 'n dik boom **ysterpot,** of verkieslik 'n driebeen-boepens-ysterpot. Gooi bietjie olyfolie onder in die pot en gooi maar jou megheftetjies by, maar nie sout en water nie. Jy kan dalk so 'n bietjie coke bygooi (flêt coke werk reg) of bietjie van gisteraand se witwyn wat oorgebly het (as jy dalk so 'n onverantwoordelikheid oorgekom het dat daar sowaar wyn oorgebly het). Maar baie effentjies hitte onder daardie pot - dit moet heeltyd net prut. (Ek haal baie keer 'n tarentaal uit die vrieskas, sit dit net so in die pot met bietjie olyfolie en kook dit dan die eerste ruk *baie stadig* sonder enige vloeistof - dit maak sy eie sousie). Jy kan natuurlik ook so 'n paar velletjies bacon oor die tarentaal vou.

Dan, baie later, as dit vir jou lyk of die spulletjie darem nou enige oomblik gaan aanbrand omdat jy nie meer coke of wyn oorhet om by te gooi nie, kan jy maar kookwater bygooi. En jou sout, en dalk so 'n swartpepertjie wat jy oor die tarentaal maal. En netnou se kant, so na drie of wat ure vandat jy dit opgesit het, as jy daardie beentjie so vat en dit lyk of dit sommer uit die vleis wil uittrek, dan is dit gaar. En jy eet hom maklik alleen op as die ander mense dalk gou iewers heen geloop het. Of jy kan hulle stuur om vir hulle Kentucky te gaan koop sodat hulle langer onder die valse indruk kan bly dat hulle net so lekker soos jy eet. Maar geen hoender kan só 'n geur hê soos jou tarentaal nie.

Maar nou gaan hierdie storie ongelukkig nie oor 'n onvergeetlike tarentaal wat jy vir jouself op bogenoemde manier gaargemaak het nie. Nee, eerder oor 'n tarentaal wat sodanig gaargemaak is dat al die baie geloofwaardige verskonings wat die nie-tarentaal eters kon uitdink, waar geword het. Miskien dalk net bietjie erger as wat hulle kon uitdink, as mens vat dat hulle nou nie so baie ondervinding in dié klas van dinge kan hê nie - siende dat hulle mos nog nie so baie geproe het nie.

Nee, hierdie storie gaan oor 'n heel ander tarentaal. Onvergeetlik soos in onvergeetlik *sleg*, eerder as onvergeetlik *goed*. Omdat ek nog nie al bogenoemde geheimpies geweet het nie. En nog minder die ander ou wat dit gaargemaak het - ek het dit darem gelukkig nie self gaargemaak nie. Maar ek sou hom ook nie goeie raad kon gee nie. Nie dat hy in elk geval na enige raad wou luister nie.

Dit was in die jare toe Montie van Niekerk as jong, ongetroude man nog op *Neltox*, die plaas van sy swaer Jurie en suster Anna, met groente geboer het. Dié plaas was teen die Nwanetsi rivier, net oorkant die pad van sy pa se plaas *Doppie*, waar Montie grootgeword het. Die *pad* synde nou die pad vanaf Tshipise na die Limpoporivier.

Montie en my ouboet Gerhard is boesemvriende sedert hulle in die jare rondom 1965 in Tom Naudé Tegniese hoërskool was. So het Montie dan ook deur die jare 'n goeie vriend van ons hele gesin geword.

Die naweek waarop hierdie storie gebeur het, was toe Montie se neef Frikkie en sy verloofde, Liesel, by Montie op *Neltox* kom kuier het toe ek eenslag saam met Ouboet daar was. Hulle het Vrydagmiddag vroeg daar aangekom. Laterig die middag ry ons almal saam na Montie se groente lande toe. Daar is tarentale aan't skrop in die lande.

"Kan ons 'n tarentaal skiet vir aandete?" vra Frikkie, "ek wou nog altyd 'n tarentaal onder die kole gaarmaak soos die Boesmans dit doen."

Montie sê dis reg en ek skiet een met die .22.

"Is jy doodseker jy weet hoe om dit só gaar te maak? vra Montie terwyl ons terugry huis toe, "want dan gaan ons nie nou vleis op Tshipise koop soos ek wou doen nie - ek het nie ander vleis in die huis nie."

"Ja, man, ry jy net vir ons na 'n plek met kleigrond toe," sê Frikkie.

"Gaan jy nie eers die binnegoed uithaal nie?" vra Montie, terwyl Frikkie sommer die tarentaal netso begin toepak met klei.

"Nee," sê Frikkie, "die Boesmans haal nie die binnegoed uit nie, dis wat die geur aan die tarentaal gee."

Ons kyk die spulletjie maar baie wantrouig aan. Frikkie maak vuur, en 'n rukkie later krap hy die kole weg en maak 'n dieperige gat waar die vuur was. Hy sit die tarentaal, wat toe is van die modder, in die gat en krap sand en dan die kole weer terug bo-op die tarentaal.

Nadat ons vir omtrent 45 minute om die vuur gesit en gesels het, staan Frikkie op, vat die graaf en wil begin om die vuur weg te krap.

"Wat maak jy nou?" vra Montie.

"Ek wil die tarentaal uithaal, hy is seker nou al gaar", sê Frikkie.

"Is jy mal?" sê Montie, "daardie ding moet 'n paar ure onder die kole lê voor dit gaar is!"

"Nonsens," sê Frikkie, "ek sê jou die ding is naby gaar."

"Ek het al baie boeke oor Boesmans gelees," gooi ek ook 'n stuiwer in die armbeurs, "en soos ek dit onthou los die Boesmans hulle tarentaal heel nag onder die kole."

So kos dit nogal keer van ons almal se kant af om Frikkie die graaf te laat los.

"Julle wil ons kos laat verbrand." brom hy nog vir oulaas maar gaan sit darem weer.

Maar nie eers 'n halfuur later nie kon ons hom nie meer keer nie en hoe ons ook al praat, hy wil nie luister nie en haal die tarentaal uit. En natuurlik, dit het nog net *begin* warm word, nie eers naastenby gaar nie!

Nou trek Frikkie maar die vere uit, haal die binnegoed uit en was die nog warm tarentaal onder die kraan in koue water.

"Liesel moet dit dan maar op die stoof gaarmaak," sê hy.

Liesel vat die tarentaal, gooi dit in 'n pot en gooi suurlemoensap en sout en peper oor en gooi dan water by. En Frikkie stook die houtstoof se vuur dat die tarentaal sommer so borrel soos dit kook.

Na 'n uur haal Frikkie die pot af.

"Nou is hy seker wragtig gaar," sê hy, "ek is nou al vrek honger!"

"Jong, ek weet nie," sê Liesel, "hy is nog maar baie taai."

Maar Frikkie het al klaar die tarentaal uit die pot gehaal en op 'n bord gesit. Maar ons moes vermoed het wat kom toe ons sien dat hy met mening moes steek met die vurk om dit net *in* die tarentaal ingesteek te kry. Maar teen hierdie tyd was ons darem almal self so honger dat ons nie langer vir Frikkie wou keer nie.

Maar ons sou nie daardie aand die tarentaal eet nie. Want die ding is so taai dat Frikkie sukkel om 'n stukkie afgesny te kry met 'n mes. En geen mens kan dit gekou kry nie. So staan ons almal bek-af en baie honger rondom die tarentaal en besef: hierdie tarentaal gaan nie een van ons vanaand van eet nie!

Dan vat Montie die tarentaal en gooi dit by die kombuisdeur se trappie vir sy groot boerboel hond.

"Dê," sê hy, "jy moet maar vanaand lekker eet aan hierdie tarentaal"

Die hond kom gretig nader, ruik aan die tarentaal, gee dit 'n lek en probeer 'n hap. Dan los hy die tarentaal net daar en loop weg.

"Selfs die hond wil nie eers jou blerrie tarentaal eet nie!" sê Montie vies vir Frikkie en gaan haal vir ons brood uit die broodblik.

Oor teleskope en mikro tente

Ons probeer dit altyd regkry dat my neef Ossie Osmers darem ten minste een keer 'n jaar saam met ons gaan jag daar op *Lagerdraai*, naby Dendron. Dit is die plaas waar sy skoonseun, ons goeie vriend Kobus Kriel, 'n aandeelhouer is en die jagte op die plaas bestuur. Wanneer ons daar jag, jag Ossie nie, nee, dan kuier hy net lekker saam met ons. Ek glo hy mis die kuiery wat ons altyd vroeër jare op *Vrienden*, die plaas wat hy agter die Soutpansberg gehad het, tydens ons jag-naweke daar gedoen het. En ons geniet altyd sy vlymskerp, pittige sêgoed.

Hy jag wel nog, ten spyte van sy 78 jaar, op ander naweke saam met Kobus op *Lagerdraai* en soms op 'n ander plaas, maar by die ander plaas se storie kom ek eers later. Maar hy jag deesdae nie meer so lekker soos vroeër nie, nie vandat Kobus en Neels sy geweer se teleskoop so opgefoeter het nie. Neels is Ossie se seun en dus Kobus se swaer en ook sy jare lange vriend.

Nou moet ek sommer terstond hier bieg dat ek hierdie storie nie naastenby so lekker sal kan skryf as wat Kobus dit altyd vertel nie. Maar iemand moet dit skryf, en Kobus se verskoning dat hy nie kan skryf nie, is darem maar 'n baie power ene - as ek net meer tyd gehad het, sou ek definitief 'n honderd maal beter verskoning as dit kon uitdink, met baie min moeite. Want 'n ou wat 'n storie kan vertel soos Kobus, kán skryf, fieniesh en klaar! Jy skryf mos maar net soos jy praat, asof daar 'n paar ouens om die vuur sit en luister, en voor jy jou oë uitvee, sit jou storie daar op papier voor jou. Hy mag maar 'n brannawyntjie in sy ander hand ook hou as hy met een hand kan tik, net om hom te help.

Maar die storie met die teleskoop kom al van 'n hele tydjie gelede af, toe Ossie eendag 'n wildebees gekwes het en Kobus en Neels drie skote met Ossie se 7mm Mauser skiet om te kyk of dit uitgestel is. Maar hulle kan nie eers naastenby 'n groepering geskiet kry nie. Dan, as Kobus die teleskoop van nader bekyk, sien hy die ding...

"Kom kyk bietjie hier," roep hy vir Neels nader en wys hom die sewe se teleskoop. Neels kyk ook en hulle kan hulle oë nie glo nie - tussen die teleskoop en die ringe is daar stukke binneband ingedruk! Neels voel aan die teleskoop. Die teleskoop beweeg sommer lekker saam as hy dit druk. (Darem net effentjies, beweer Ossie later.)

"Waar kom hierdie stukke tjoep op Pa se teleskoop vandaan?" vra hy vir Ossie.

"Dit was nog maar altyd daar, ek het die geweer so gekoop," antwoord Ossie.

"Maar hierdie geweer kan mos nooit elke keer op dieselfde plek skiet met hierdie stukke tjoep en die teleskoop wat so beweeg as jy dit druk nie," sê Neels. "Kyk Pa ooit of die geweer nog reg skiet voordat Pa gaan jag?"

"Man, hierdie geweer skiet nog altyd raak, ek het nog nooit nodig gehad om dit te stel nie," sê Ossie verontwaardig.

"Skiet Pa partykeer 'n paar skote op 'n teiken om te sien of die geweer nog presies skiet waar Pa korrel?" wil Kobus weet.

"Nee, mens mors nie patrone op papier nie. Ek "check" so af en toe of hy nog reg is - ek sit 'n lemoen op 'n paal neer, haal die geweer se slot uit en korrel deur die loop op die lemoen. Dan kyk ek of die teleskoop se kruishaar ook min of meer op die lemoen is."

Nou val dit hulle by dat hulle hom eendag skelmpies dopgehou het met die lemoen-storie, nog op *Vrienden*. Maar op dié spesifieke dag wou die ding nie lekker werk nie. Want hulle sien Ossie die lemoen op die paal sit en terugstap na sy geweer. Maar toe hy die geweer optel om te korrel, is die lemoen weg! Hy loop terug paal toe en tel die lemoen op waar dit afgeval het en sit dit weer op die paal neer. En ja, terug by sy geweer is die lemoen weer weg! Na die vierde keer eers kom hy agter dat daar 'n groot akkedis in 'n gat bo in die paal bly, en elke keer as Ossie die lemoen op die paal sit en terugstap geweer toe, word dit natuurlik donker by die akkedis se "voordeur", dan kom hy uit en stamp die lemoen weer af!

Maar om terug te kom na die teleskoop. Kobus en Neels span saam en hulle koop ordentlike monteer ringe vir die teleskoop en sit dit stewig vas. Nou moet die geweer weer ingestel word.

"Waar is Pa se patrone?" vra Kobus.

Ossie bring vir hom 'n pak patrone.

"Hoe stel ek die geweer in met hierdie patrone?" vra Kobus vir Neels en haal die patrone een vir een uit die pakkie. Daar is omtrent vyf verskillende make, dis DWM en Norma en PMP en Sako en dalk is 'n paar nog Kynoch ook, so oud lyk dit. En elke punt lyk anders.

"Elkeen is seker nog 'n ander grein punt ook," sê Neels. "Geen wonder die geweer skiet so bont nie!"

"Nee, man," sê Ossie, "daardie patrone skiet almal dieselfde, ek jag dan altyd met dit. Dis seker hoekom daardie tjoep op die teleskoop was, dit laat so 'n bietjie beweging toe vir elke verskillende soort koeël dat hulle nog altyd op dieselfde plek skiet. Ek skiet dan nog al die jare my bokke dood met hierdie geweer"

Neels en Kobus kry 'n paar patrone wat min of meer dieselfde lyk, en stel die geweer reg in. En dis net van toe af, sê Ossie, dat die geweer nie meer wil raak skiet nie, en dis hoekom hy nie meer so lekker jag nie.

Maar nou kan sy skoonpa ook nie te openlik vir hom kwaad wees nie, so beweer Kobus, want hy is te bang dat hy wat Kobus is dan dalk net vir hom wat Ossie is, sy dogter kan teruggee!

Ons, wat baie jare daar gejag het, het baie heimwee na die plaas *Vrienden* daar agter die Soutpansberg. Mens kan jou net indink hoe Ossie dan moet verlang na hierdie plaas. As ek so vinnig sommetjies in my kop maak, sou ek sê dat die plaas seker vir omtrent 45 jaar aan hulle gesin behoort het. My somme sê dat Ossie se pa, my oom Fred Osmers, die plaas seker omtrent 20 jaar gehad het. Na sy dood was Ossie dus vir omtrent 25 jaar die baas van *Vrienden*. Dis 'n era wat vir goed verby is.

Daarom dat Kobus en Ossie se broer, my neef Vic Osmers, vir Ossie saamgevat het toe hulle vroeër hierdie jaar op Johan Visagie se plaas gaan jag het. Vic se seun en skoonseun het ook saam gejag. Hierdie plaas van Johan Visagie grens aan *Vrienden*, trouens jy ry deur 'n stukkie van *Vrienden* om by sy plaas uit te kom. So vir Ossie moes dit darem amper gevoel het of hy weer op sy eie plaas jag.

"Maar julle moenie dink dit was 'n maklike jag nie," so vertel Ossie ons een aand om die kampvuur op *Lagerdraai*. Dit was in Junie vanjaar toe ek, Danwilh, Anton en Louis Joubert weer 'n slag daar gaan jag het.

"Behalwe dat die twee seuns my geweer so opgefoeter het dat dit nie meer wil raak skiet nie," gaan Ossie voort, "gee hulle mos vir my 'n piepklein tentjie om in te slaap. Jy kan skaars omdraai in die ding. Toe ek een oggend baie vroeg wil opstaan om 'n draai te gaan loop, het ek my byna vrek gesukkel om in die donker my onderbroek aangetrek te kry. En toe ek uiteindelik uit die tent kruip en buite staan, kom ek agter dat ek my koplamp aangetrek het!"

Toe die gelag om die kampvuur bedaar het, vra Anton: "En toe Oom nou daardie liggie aansit, waar skyn dit toe?"

Ek sien Ossie kry so 'n stout glinstering in sy oë. Hy wys met sy vinger:

"Nét hier tússen my oë!"

Met 'n Anglia oor die Soutpansberg

Vroeër jare, toe ons nog op skool was en my Ouma nog by ons aan huis gebly het, het sy 'n groen Anglia karretjie gehad. Dit was nog een van daardie Anglia's waarvan die agterruit so skuins na binne gegaan het - die enigste kar waar die agterruit nooit kon natreën nie.

Met hierdie kar het my ouma nogal 'n reputasie opgebou in Tzaneen se strate - ongelukkig nou nie 'n uitermate goeie reputasie nie. Maar daardie dae, in die middel 1960's, was daar nog nie so baie voertuie in Tzaneen soos vandag nie, en die mense het maar by voorbaat van die pad afgetrek as hulle die groen Angliatjie sien aankom. Selfs die spietkop het liewer iewers gestop én anderpad gekyk.

Dit het ons agtergekom toe ek eenslag saam met haar móés ry (ons het nie sommer vrywillig saam met haar gery nie) en ek agterkom wat sy by 'n robot doen as sy links of regs moes draai.

"Ouma, die robot is ROOI!" gil ek vir haar toe sy so oor die rooi robot ry om regs te draai.

"Nee man," sê sy vir my, "ek wil mos regs draai en kyk, die robot daar regs is mos groen. En ons wil mos daar in die groen robot se straat opry."

Toe ons nou daarvan begin praat in ons familie, begin die familie ook vertel dat hulle hóór by ander mense, onthou tog, dis nie húlle wat so sê nie, hulle hóór maar net van die mense wat so aftrek van die pad af. En toe die spietkop ook diplomaties vir my ma kom vertel dat hy tog maar wonder of my ouma nie dalk maar moet ophou bestuur nie, was dit ongelukkig die einde van my ouma se self-bestuur van haar karretjie. Onder hewige protes, moet ek bysê, my ouma se voorgeslagte was almal Duitsers. En sy was hardkoppig genoeg dat mens nie eers nodig sou hê om DNS toetse te doen om vas te stel of sy wél Duitse bloed in haar are het nie. Maar my ma was net so vasbeslote dat my ouma nie meer mag bestuur nie, en sy het net haar voet neergesit.

Van toe af moes iemand altyd vir my ouma bestuur as sy met haar kar iewers heen wou ry. En later, toe ons uit die skool was, het ek en my kleinboet Jopie op verskillende stadiums haar karretjie so op 'n langerige termyn basis geleen. (Ouboet was heelwat ouer as ons en het op daardie stadium al sy eie kar gehad.) Ek was selfs eenslag Suidwes toe met die Anglia, waar my vriend Ben Barnard haar (die Anglia) terstond *Gesinatjie* gedoop het - omdat my ouma se name Christina Gesina was.

Toe Jopie in 1975 weermag toe is, was hy ná sy basiese opleiding op 'n stadium in Potchefstroom by die artillerie bataljon, en in hierdie tyd het hy ook die

Anglia gebruik om Tzaneen toe te ry as hy die slag 'n naweekpas gekry het. Ek het op daardie stadium in Pretoria studeer en het saam met vriende in Sunnyside in 'n woonstel gebly.

Iewers in die winter van 1975, gaan my ouers op na die plaas *Oporto*, agter die Soutpansberg. Die plaas het toe behoort aan my oom Niek van Schalkwyk. Ek en Jopie spreek af om ook die naweek (hy het pas gekry) soontoe te ry. Hy sou van Potchefstroom af ry en my by die woonstel in Sunnyside kom optel.

Dit was in die dae van petrol beperkings, toe motoriste van regeringskant verplig was om petrol te bespaar. Dit het hulle reggekry deur 'n verbod op petrol verkope na 6 uur saans tot 6 uur die volgende oggend in te stel, en deur die spoedbeperking te verlaag na 80km/h. Ook mag mens nie meer as vyf liter petrol in 'n kan saam met jou gery het nie.

Ons het afgespreek dat Jopie vyf liter petrol sal saamry, wat ons dan by my woonstel in die tenk sal gooi, en dan sal ek ook vyf liter in 'n kan by my hou wat ons dan in Louis Trichardt sal ingooi. Daarmee kon ons tot op die plaas ry - my Pa en oom Niek sou dan vir ons sorg vir petrol vir die terugpad.

Die Vrydagaand sewe-uur hou Jopie by my by die woonstel stil. Ons gooi sy vyf liter petrol in, laai my goedjies en val in die pad. Middernag stop ons aan die berg se kant van Louis Trichardt, rek bietjie bene en gooi dan my vyf liter petrol in. Of kom ons sê ons het gedink dis petrol in die kannetjie. Wat ongelukkig toe nie so was nie, in elk geval nie skóón petrol nie. Want net toe ons die bergpas vat begin die Anglia so ruk-ruk en ons is seker nog nie eers 'n kwart van die eerste steil gedeelte van die berg op nie of dit gaan staan.

Dit vat Jopie nie baie lank om uit te vind dat daar water in die petrol is nie - my petrol kannetjie het blykbaar bietjie water ingehad en ek het die petrol bo-op dit getap. Wat nou? Ons kan nie die tenk leeg tap nie, want ons het nie ander petrol nie en gaan ook nêrens ander petrol kry nie.

Ons weet dat petrol op water dryf, so die petrol sal bo in die tenk wees, die water onder. So probeer ons die pypie so diep as ons kan in die tenk druk en Jopie suig aan die pyp terwyl ek lig met ons flou flitsie. Hy hou die leë kannetjie net langs die pypie se bek - mens moet maar eers kyk of dit water of petrol is wat uitkom - dis meer 'n gevoel as sien. Hy laat die eerste lotjie op die grond uitloop - dit lyk verseker soos water. As dit lyk of dit skoon petrol is wat uitkom, laat hy die pypie in die kannetjie inloop. As dit so amper half vol is, stop hy.

Dan maak hy die enjinkap oop en trek die pypie wat van die petrolpomp na die vergasser loop, uit, en gee my opdrag om die sleutel te draai. Na 'n rukkie lyk dit darem of dit ook redelik skoon petrol is. Maar ongelukkig is *lyk* en *is* nie dieselfde ding nie, want nadat ons die enjin 'n ruk gekarring het en dit nog nie wil vat nie, besef ons daar is tog maar nog water in die petrol. Jopie haal die lugfilter van die vergasser af en gooi bietjie van die "skoon" petrol wat ons uit die tenk gesuig het, direk in die vergasser in. En daar vat die Anglia!

Jopie maak die enjinkap toe en spring in, en ek trek weg. Die enjin stotter en hoes en ek ry omtrent sewe tree toe staan die Anglia weer. So het ons omtrent tien keer gesukkel en elke keer 'n paar tree gevorder. Jopie het naderhand nie eers meer die moeite gedoen om in die kar te klim nie, maar sommer langsaan geloop. Maar die blerrie bult wil net nie end kry nie.

Dan kry Jopie 'n beter idee - beter vir hom. Want nou klim hy amper in die enjin in sodat hy so in die ry petrol in die vergasser kan gooi. Maar dis nie juis beter vir my nie, want die Anglia se enjinkap (of bonnet soos die boere gesê het) maak van die voorruit se kant af oop, dus staan hierdie bonnet regop voor my en ek kan nie 'n ding voor my sien nie - ek moet so met my kop deur die venster ry om darem bietjie voor in die pad te kan sien. En links van die pad is afgrond van honderde meters diep, en die paar karre wat van voor af kom verblind my elke keer tydelik sodat ek telkens vir 'n paar oomblikke niks kan sien nie. Maar ons vorder darem nou min of meer ononderbroke, al stotter en proes die Anglia nog heeltyd en al ry ons maar taamlik rukkerig.

Uiteindelik, na ure se gesukkel, bereik ons darem die hoogste punt van die berg. Alhoewel dit nog nie heeltemal afdraande is nie (die eerste stuk ná die kruin is nog maar platterig), gaan dit darem beter. Dit lyk ook asof meeste van die water al uit die tenk is. Dus kan Jopie ten minste weer binne in die kar ry en ek kan weer voor in die pad sien. En die Anglia loop heelwat langer ente voordat dit vrek.

Toe ons die lang, steil afdraande anderkant die berg af vat, slaak ons 'n sug van verligting - nou kon ons darem die Anglia laat "free" van daar af tot dwarsdeur die tonnels. En van daar af het die Anglia darem self geloop, al het dit nog kort-kort gesluk en geproes.

Toe ons uiteindelik voor *Oporto* se huis stilhou, het my pa pas opgestaan en begin koffie maak op die koolstoof, en in die ooste het dit begin lig word. En my en Jopie se naweek was al halfpad verby nog voordat dit behoorlik begin het.

Wat 'n jagter nie als sal doen om, al is dit net vir 'n dag, in die bosveld te kan wees nie!

Bosvark jag

My vriend Karl Osmers bel my nou die dag op pad terug vanaf sy plaas *Cohen*, daar agter die Soutpansberg. Toe hy hoor ek is besig om nog 'n boek te skryf, vertel hy my dat ek tog nét jagstories in hierdie boek moet skryf. Hy is dan nou nie lus om soetsappige stories oor ander goed te lees nie. Nou ken ek ook al vir Karl goed genoeg om te weet dat hy eintlik besig is om my uit te trap oor my vorige boek wat dan seker nie genoeg jagstories vir sy smaak ingehad het nie. Daarom skryf ek nou maar hierdie lang jagstorie spesiaal vir hom. En dan darem ook vir jagters wat nog nie eintlik bosvarke gejag het in hulle lewe nie - net sodat hulle kan agterkom dat hulle nie alles *hoef* te glo wat die bosvark fundi's vir hulle vertel nie.

Ek beskou myself nou nie juis as 'n kenner op die gebied van bosvark jag nie, maar ek het darem al my kwota van hierdie soort jag in my lewe ingekry - selfs al 'n paar bosvarke doodgekry ook, so oor die jare. Wat nie so maklik is as jy dit op my manier doen nie.

Soos dit vir my as leek hier van die kantlyn af lyk, kry jy Bosvark *jagters* en Bosvark *wagters*. Dan is daar ook nog Bosvark *jaagters*, maar hulle is nie meer so volop soos vroeër nie. Dis nou die manne wat met 'n span honde bosvarke in die hande probeer kry. Die honde doen die jag-werk, die manne met die gewere doen die *jaag*-werk. Hardloopwerk, want as jy aan die honde se blaf agterkom dat hulle 'n bosvark vasgekeer het, moet jy hol om daar uit te kom en dit dood te skiet vóórdat jou honde met daardie vlymskerp ondertande uitmekaar gekerf word. Spesiaal geteelde bosvark honde, soos oorlê Pieter Pieterse en sy vriend Johan Liebenberg daar op Soekmekaar dit desjare geteel het.

Die Bosvark *wagters* is die manne wat iewers op 'n geskikte plek 'n bosvark voerplek maak en dan gereeld in die nag die varke daar gaan voorsit - hulle *wag* dat die varke na húlle toe kom. Dis onder hierdie groep wat jy baiekeer die fanatiese bosvark jagters of dan *wagters* kry. Soos my vriend Ds. Danie van der Watt was. Maar meer oor hom later.

Die Bosvark *jagters* is die ouens wat bosvarke loop en soek, en hulle dan bekruip en skiet. 'n Effens makliker manier van bosvark *jag* is wanneer jy hulle in byvoorbeeld macadamia boorde of mielielande kan jag. Want 'n bosvark kan baie raas as hy die slag besig is om te vreet, en dan kan jy die geluid bekruip en jou bosvark skiet - mits jy natuurlik op dieselfde tyd as hulle daar is. En ook: dis gewoonlik pikdonker werk. Maar pasop ook nou maar, want hulle is meesters in die kuns om almal gelyk, op presies dieselfde millisekonde, op te hou raas en dan te staan en luister. En as jy wat jagter is dan een enkele tree verder gee, kan jy daardie nag maar ophou jag, want jy sal hulle nie sommer weer kry nie. Ek sê nag, want dis maar eintlik meesal in die nag wat bosvarke baie aktief is.

Dan kry jy ook die manier waarop ek bosvarke in die nag gejag het, wat seker die heel minste kans op sukses het van al die soorte bosvark jag. En dis om op 'n gewone plaas sónder neutbome of mielielande jou bosvark te gaan soek. Dan loop jy sonder 'n lig, of jy het natuurlik jou koplamp vir wanneer jy moet skiet, maar jy sit dit nie aan nie. En jy jag ook nie op volmaan aande soos die bosvark *wagters* nie, maar gewoonlik wanneer daar net 'n effense maantjie is. En jy moet die plaas ken, sodat jy nie dalk in 'n gat val of in 'n doringdraadheining vasloop so in die donker nie.

Tot so agt jaar gelede het ek op my neef Nic van Schalkwyk se gedeelte van die plaas *Doornhoek*, so vyf kilometer buite Tzaneen, gebly. Op hierdie plaas het ek vroeër jare, toe ek bietjie jonger was, só gejag. In twintig aande se jag, kry jy miskien drie keer bosvarke. En van elke vyf keer wat jy bosvarke raakloop, kan jy dalk een keer geskiet kry. Maar dis juis hierdie soort uitdaging wat hierdie tipe bosvark jag vir my so aanloklik gemaak het.

  Die Bosvark *wagters* sal vir jou vertel dat, die oomblik as jy 'n lig naby die bosvarke aansit, hulle verdwyn. Dit is darem nie altyd waar nie. Waar bosvarke nog nooit met 'n lig gejag is nie, kan jy maar rond en bont oor hulle skyn met jou lig en hulle sal hulle nie daaraan steur nie. Dit het ek persoonlik ervaar met die eerste bosvarke wat ek in die nag raakgeloop het - op sewe tree. Waar bosvarke gereeld naby 'n teerpad beweeg, hardloop hulle ook nie weg wanneer jy met 'n lig op hulle skyn nie - hulle is gewoond aan die baie ligte wat kom en gaan.

  Ek het netnou gesê dat ek altyd sonder 'n lig in die nag gejag het, maar jy moet darem af en toe die lig net vinnig aansit as jy onseker is of jy by 'n plek kan deurgaan. Of as jy iets hoor. So het ek een keer naby die huis al, die lig net vinnig aangesit om 'n deurgang deur 'n bos te sien. Die volgende oomblik skrik ek taamlik toe 'n langgerekte gil die naglug deurklief. Ek hoor 'n emmer val en water spat en toe hoor ek net voete klap soos iemand oop en toe weghol. Dit was 'n swart vrou wat seker vergeet het om vroeër te gaan water skep, en wat juis op daardie oomblik van die water af wou terugloop statte toe. Dit was duidelik dat sy heelwat groter as ek geskrik het!

Die geluid wat die hare in jou nek laat regop staan, is die diep 'oemff!' van 'n bosvark wat iets gewaar het. Maar as jy rêrig iets soek wat sommer al die hare op jou kop gelyk kan laat regop staan, is daar niks wat 'n ystervark kan klop nie. Veral as jy verwag om nou enige oomblik 'n bosvark raak te loop en jy hoor hierdie ontstellende geraas sommer hier by jou, maar jy kan met lig en al niks sien nie.

Want 'n bosvark en 'n ystervark se geraas klink baie dieselfde - en dan kan 'n ystervark wat deur die lang gras beweeg, jou maklik laat dink dis 'n bosvark. As jy met jou flou lig op hom skyn, lyk die wit van 'n ystervark se penne baie soos die wit rughare van 'n bosvark. So het ek al twee ystervarke geskiet wat ek gedog het is bosvarke.

Maar een ystervark het my darem baie plesier ook verskaf. Met my bosvark jagtery het ek een aand gejag tot by die teerpad, en toe langs die teerpad afbeweeg. Toe ek 'n geraas voor my hoor, het ek die lig aangesit en my geweer teen my skouer gedruk. Eers kon ek niks sien nie, maar die volgende oomblik kom daar 'n ystervark uit die stormwaterpyp wat onder die pad deurgaan (die pad was daar in 'n opvulling) te voorskyn. Hy steur hom nie aan die lig nie en kom reguit na my toe aangeloop in die voetpaadjie langs die teerpad.

Ek skyn die lig reg op hom en hou my geweer nou reguit voor my in my uitgestrekte hand, maar hy kom! En sowaar, hy loop tromp-op in my geweer se loop se punt vas! Maar ek het in my lewe nog nie iets gesien wat so kan skrik nie. Ek het so lekker gelag dat ek dit nie oor my hart kon kry om te skiet nie. (Ystervarke doen geweldig baie skade, so normaalweg skiet ons hulle as ons hulle kry). Maar ek kon nie iets skiet wat my soveel plesier verskaf het nie.

Ek het al met 'n hond ook gejag in die nag, maar bietjie anders as die Bosvark *jaagters*. Ek het op 'n stadium so 'n ses maande oue kruising tussen ons Engelse Kolliehond reun en 'n Jack Russel tefie gehad. (Ja toemaar, ek weet óók nie of die tefie op 'n kartonboks gestaan het nie). Die hondjie het al die potensiaal van 'n uitstekende jaghond gehad. Hy het die jaginstink van die Jack Russel gehad en die intelligensie van die Kollie. Maar hy is ongelukkig nie baie lank na die jag waarvan ek nou gaan vertel, dood - in 'n strik gevang en die strik steller het sy kop met 'n klip papgeslaan.

Naby die opstal op *Doornhoek*, net so 'n entjie agter die huis, het 'n baie ruie sloot geloop van so twintig tree van die kruin van die rant waarop die opstal gestaan het, tot naby die onderste grens van die plaas, waar daar 'n baie klein stroompie was wat net in die reëntyd geloop het. Die stroompie was tussen baie digte bosse - jy kon nie tot by die stroompie loop nie. Weerskante van hierdie ruie sloot was die avokadoboorde van my neef.

Een aand het ek al langs hierdie ruie sloot af gejag tot naby die stroompie, waar daar 'n deurgang was na die anderkant van die sloot, en toe weer aan die anderkant van die sloot op gejag rantjie toe. Die hondjie het heeltyd op my hakke gebly, soos ek hom geleer het. Toe ek by die bopunt van die sloot weer by die rantjie kom, kom die hondjie skielik by my verby en gaan staan voor my en kyk - hy het iets geruik of gehoor. Hy staan doodstil, sonder 'n geluid, maar staar stip na 'n punt skuins voor ons.

Ek druk die geweer se kolf teen my skouer en sit die lig aan. Die volgende oomblik kom die eerste van 'n ry bosvarke oor die bult en ek skiet onmiddellik. Die bosvark storm by my verby en die res van die trop storm ook verby, reguit sloot toe. So in die verbygaan sien ek 'n massiewe groot vark ook verby storm.

As ek weer vir die hondjie kyk, is hy weg. Dan hoor ek hom skuins agter my blaf - so halfpad tussen my en die sloot. Ek loop nader maar kan hom nie sien nie. As ek op my knieë tot by hom kruip, lê hy met 'n oop bek vir my en lag. En by hom lê die dooie vark!

Ek sleep die dooie vark uit die bos uit, eers op my knieë en dan regop, terwyl die hondjie eenkant rem en grom. As ons buite die digte bos kom, los hy skielik die vark, grom, en beweeg na die bopunt van die ruie sloot. Ek gaan agter hom aan. As hy vassteek en weer grom, hoor ek hier baie naby my die baie diep 'oemff!' van vermoedelik die groot bosvark.

Ek lig oral rond, maar kan niks sien nie. En tog moet die vark nét hier by my wees. Op my knieë kruip ek 'n entjie in die ruie bos aan die bopunt van die sloot in, naderhand op my maag, maar ek sien nog niks. As die bosvark nét hier voor my in die sloot weer daardie diep 'oemff' steun, terwyl ek terselfdertyd aan twee kante stewig deur dorings vasgegryp word dat ek nie eers my geweer in 'n skiet posisie kan kry nie, besef ek: "Hier moet ek uitkom, hier gaan iemand seerkry, en op die oomblik lyk die kanse skraal dat dit die vark gaan wees!"

Dit was nogal 'n taamlik spannende terugtog, so agteruit op my maag en later my knieë, tot buite die bos. Maar toe ek taamlik verlig weer buite die digte bos kom, het ek in 'n oomblik van goedhartigheid besluit om maar liewer die bosvark se lewe te spaar. Ek het hierdie groot vark (ek het later agtergekom dit is 'n beer) weer later een aand raakgeloop - maar omdat ek eers gedink het dit was 'n groot bees kalf (hoe onlogies dit ook klink dat daar 'n kalf kon wees), het ek te laat reageer - hy het net een 'oemff' gegee en hy was weg.

Nét agter die huis op *Doornhoek* was daar 'n ry pekanneutbome. Sodra die neute begin val het, het daar ook dikwels bosvarke kom eet. Gewoonlik laat in die nag, maar soms ook vroegaand. En dit was so naby die huis dat die buisligte op die agterstoep die boonste helfte van die naaste bome verlig het. Maar toe ek aan die begin gedink het ek gaan sommer maklik 'n bosvark daar skiet, het ek nog nie geweet hoe uiters skelm hierdie diere is nie.

Ek kon later aan die manier waarop ons Kolliehond geblaf het, hoor dat daar bosvarke onder die bome is. Maar verniet of ek een geskiet kon kry. Of dit is dat hulle gehoor het wanneer ek die kluisdeur oopmaak, of die huis se deur, en of hulle my gehoor loop het, weet ek nie. Maar elke keer as ek naby die bome gekom het, was hulle reeds weg. Toe probeer ek 'n ander taktiek.

Agter my huis, so aan die een kant langs die garage, het 'n suurlemoenboom gestaan. Ek het 'n paadjie oop geskoffel tot by hierdie boom en elke middag al die droë blare op hierdie paadjie laat optel. Ek het geoefen om my kluis saggies oop te maak en het die buitedeur se skarniere geolie.

Een Sondagaand omtrent nege uur hoor ek ons Kollie se 'bosvark blaf'. Ek maak saggies die kluis oop, haal my 7 x 57 Musgrave uit en stoot baie saggies 'n patroon in die loop en maak die slot halfpad toe. Dan maak ek die buitedeur baie saggies oop en loop so sag ek kan tot by die garage se hoek. Dis baie donker hier.

Van hier af kruip ek op my knieë tot onder die suurlemoenboom. Ek sit reg met die geweer en druk saggies die slot heeltemal af. Dan sit ek die lig aan. Ek sien net die twee klein effens dof blink ligkolletjies wat lyk soos twee spinnekop ogies ('n vark se oë blink mos nie in die nag soos 'n bok of 'n kat s'n nie). Ek vat presies tussen hierdie twee speldekop puntjies korrel en trek die sneller. Die dubbele 'doe-doep!' klank klink onnatuurlik hard hier naby die huis en ek weet dat daardie vark nie weer sal opstaan nie.

Eers toe ek by die vark kom, wat nét anderkant die diamantdraad omheining dood lê (voor die gat wat hulle voorheen deur die draad gemaak het), kom ek agter hoe reusagtige groot vark dit is. Dis eenvoudig enorm! Ek kry dit net nie deur die gat in die draad gesleep in die ongemaklike vooroor gebukte houding nie.

Ek is verplig en gaan haal die Land cruiser en sleep dit met die wen-as deur die draad. Dan sleep ek en my dertienjarige seun Gerhard eers met groot moeite die vark na die agterkant van die Land cruiser met sy vol kap. Maar ons kan om die dood nie eers die vark genoeg oplig om dit eers naby die Land cruiser se bak te kry nie. Ons kan dit nie eers op die kruiwa wat Gerhard gaan haal het, gelig kry nie. Ek stoot die Land cruiser terug en sleep die vark met die wen-as tot bo-op die kruiwa. Maar ons kry dit nie eers vanaf die kruiwa tot op die Land cruiser gelig nie.

Dus bel ek my broer Jopie om my te kom help laai. En ons drie saam het nogtans ons vrek gesukkel om dit gelaai te kry. Toe ry ons na sy huis toe en begin om dit af te slag. Nou eers kom ons agter dis 'n sog! Hoe moet die beer wat hierdie een se maat is, dan lyk? Ons hang die vark op dat die agterpote so hoog is dat ons met ons hande, wat net-net daar bykom, bokant ons kop moet slag. Dan hang die voorpote op die grond.

Piet Smit, die destydse eienaar van Safari Taksidermie en gekwalifiseerde Rowland meter, het tydens ons trofee kompetisie die tande gemeet as $8^1/_8$ duim lank. Hy wou eers nie glo dit was 'n sog nie. Maar ek was min gepla met die trofee lengte (ek het dit nie eers by Rowland Ward registreer nie).

Ek noem die afmeting net hier omdat ek weet die Bosvark *wagters* sal wil weet hoe lank dit gemeet het. Ek was net hoogs in my noppies met die spul vleis wat vrieskas toe is. En dit was voorwaar absolute prima vleis.

    Ek het gedurende die dag ook al bosvarke geskiet, trouens, as ek so vinnig in my kop optel sou ek sê dat ek seker al sewe bosvarke in my lewe geskiet het. Daarvan het ek vier in die dag geskiet. As dit 'n ruie plaas is waar daar nie baie beweging gedurende die dag is nie, kry jy dit nogal reg om hulle te bekruip - as jy hulle net eers kan opspoor.

    Op 'n stadium het ek 'n plaas gehuur in die ruie bos gebied naby Elim hospitaal. (Die plek wat ons *Bosluisbult* genoem het, en waaroor ek ook in een van my vorige boeke geskryf het.) So dertig tree van die huis af het daar 'n peerboom boord begin. Dit was van die inlê soort van pere (nie avo's nie, Kaapse pere).

    Een stil dag het ek op die huis se stoep gesit toe ek die bosvarke van die stoep af in die boord hoor vreet. Ek het my geweer gaan haal en hulle baie versigtig bekruip. Ek het mooi geluister - wanneer hulle almal tegelyk ophou vreet, het ek gevries. Wanneer hulle weer begin vreet, het ek weer nader gekruip. En so het ek daardie dag 'n mooi bosvark bekruip en geskiet.

Op 'n ander keer het ek op *Oporto* in die Bosveld agter die Soutpansberg twee bosvarke doodgeskiet met die 375 H&H. Ek het hulle bymekaar gekry en die eerste een doodgeskiet. Die tweede een het gehardloop en ek het hom ge-"lead" soos 'n haelgeweer jagter, maar te veel, sodat my koeël voor sy neus in die grond geploeg het. Hy het omgespring en toe hy by die dooie vark kom, steek hy vas en skiet ek hom ook dood sodat die twee so bo-oor mekaar lê. En ek onthou tot vandag toe nog daardie seer skouers om hulle met 'n paal daar uit te dra - dit was so ruig dat geen voertuig daar kon inkom nie.

Maar nou ja, nou het ek genoeg oor my ondervinding met bosvarke geskryf. Nou moet ek net nog een en ander vertel oor fanatiese Bosvark *wagters*. Of dan stories oor die kampioen van hulle almal - Ds. Danie van der Watt. Maar kom ons praat nou van hier af verder van Bosvark jag en Bosvark jagters, want netnou lees Ds. Danie ook per ongeluk hierdie storie en raak dalk net beswaard oor die term "*wagter*". Want hy is darem in alle opsigte 'n ware jagter - wat alle ander wild aanbetref.

Maar ons probleme met hom was nie sy manier van bosvark jag nie. Nee, dit was die verdwyn taktiek wat hy altyd uitgehaal het op ons jag kursusse, om te gaan bosvarke jag. In die begin, toe hy nog op Tzaneen gebly het, het dit nie te veel gepla nie. Hy het al sy pligte nagekom en dan eers verdwyn. Soos die slag toe ons by Abraham Coetzee se jagkamp naby Mooketsi gebly het en op Rossi Pohl se plaas langsaan gejag het met die junior jagters. Hy het tienuur die aand verdwyn, en die volgende oggend vieruur met twee bosvarke teruggekom. Na 'n lang gespook kon hy twee van die moeg-geloopte laaities wakker kry om hom te help afslag. Toe ons ander die volgende oggend opstaan, hang twee bosvark karkasse kant en klaar geslag aan die slagbalk.

Maar toe hy 'n beroep na die Montana gemeente van die Hervormde kerk in Pretoria aanvaar het, het daar botsende belange begin ontstaan tussen sy pligte op die kursus en die bosvark jag versoeking. Want hy móés noodwendig die kursus én 'n bosvark jag op een naweek inpas - hy kon nie meer so gereeld van Pretoria af sy passie vir bosvark jag uitleef nie - dit was net eenvoudig te ver van Pretoria af na die naaste bosvark voerplek.

Een van die pligte wat 'n predikant, wat ook instrukteur van die Jagtersvereniging is, nou maar verlief moes neem mee, is dat hy op die Sondagoggend van die kursus vir ons 'n kerkdiens moes hou. Dit was nooit vir Ds. Danie 'n probleem of 'n las nie. Hy het baie besielende kerkdienste vir ons op die verskeie kursusse wat hy bygewoon het, gelewer. En hy kón preek! Of dan eerder praat met die kinders (en ons) dat elkeen daardeur besield geword het. Sodanig dat ek vandag nog die eerste preek wat hy meer as twintig jaar gelede op sy eerste kursus op *Cohen* vir ons gelewer het, kan onthou. En baie van die ander preke op ander kursusse ook. Nou nie woord vir woord nie, maar die boodskap en die strekking van sy preke.

Maar toe kom dáárdie naweek, die eerste kursus wat Ds. Danie bywoon as instrukteur vandat hy na Pretoria toe getrek het (en ook die laaste). Dit was daar op die stukkie grond wat die Robinsons anderkant Klaserie op die Orpen pad besit. Maar toe ons hom groet, kon ons al sien dat sy lus vir bosvark jag amper op die grond hang. Miskien was dit onttrekkingsimptome, wie sal weet.

Maar daar is nie probleme nie: hy het sy lesing aangebied, en Vrydagaand verdwyn na 'n bosvark jag iewers. Saterdag deur die dag gee hy nog 'n lesing, en toe kom Saterdagmiddag. Danie kom daar by ons ander instrukteurs aan maar hy lyk terselfdertyd so skuldig soos 'n hond wat vet gesteel het én so opgewonde soos 'n standerd drie boerseun wat so pas gehoor het hy kry 'n .22 geweer persent vir sy verjaarsdag.

"Jong, julle sal my more net móét verskoon by die kerkdiens," sê hy, "'n ou het my so pas gebel van Soekmekaar af - daar het gisteraand 'n baie groot bosvark kom vreet op die voerplek, en hy sal verseker vanaand weer inkom. Ek sal net móét gaan, wanneer kry ek nou ooit weer so 'n kans van Pretoria af? Die probleem is, dit is te ver vir my om môreoggend vroeg terug te ry hierheen én nog betyds te wees om die diens te kom waarneem."

"Danie," sê ek, "vir jou as predikant vat dit 'n paar uur om 'n preek voor te berei, hoe gaan een van ons wat nie 'n predikant is nie so op die nippertjie 'n preek kan voorberei?"

Maar nou ja, ons moes hom maar verskoon.

Maar ons weet dat daar in so 'n krisis net een ou is op wie ons kan terugval - my neef Vic Osmers. Want as jy vir Vic genoeg tyd gee om voor te berei, preek hy vir jou 'n hond uit 'n bos uit - hy het al vir ons baie mooi preke gelewer op vorige kursusse. Maar sal hy so gou kan voorberei?

Maar wat, daardie volgende oggend gee Vic weereens vir ons 'n pragtige preek. Maar die kort voorbereiding het tog 'n foutjie veroorsaak.

"Vic, jy het rêrig baie mooi gepreek," sê ek na die tyd vir hom. "Maar jy het nooit uit die Bybel gelees nie?"

"O f**", sê *'Dominee'* Vic, "ek het vergeet!"

'n Sivet in die nag

Vandat ek in Januarie 1971 hier van die plaas *Doornhoek* af Heidelberg Leërgimnasium toe is vir my basiese weermagopleiding, totdat ek in Desember 2009 weer op dieselfde gedeelte van *Doornhoek* in my eie huis ingetrek het, het ek al baie verskillende adresse gehad. Ek het op baie plekke gebly, eers in die Weermag, toe as student en Tegnikus by Waterwese in Namibië. Vandat ek getroud is het ek ook op talle verskillende plekke gebly soos ek by verskillende Raadgewende Ingenieurs en later by die Tzaneen Munisipaliteit gewerk het.

Maar by elkeen van die plekke waar ek ná my troue gebly het, was daar twee goed wat altyd dieselfde gebly het: ek het altyd 'n organiese groentetuin en kruietuin gehad (lank voor 90% van die bevolking eers geweet het wat die woord organies beteken) en dan het ek nog altyd hoenders aangehou. Op al die plekke waar ek gebly het, het ek nooit enige las van ongediertes by my hoenders gehad nie - net so 'n bietjie op *Bosluisbult*, maar omdat ek daar 'n baie sterk en digte hoenderhok gebou het, was die probleem nie te erg nie.

Toe ek in Desember 1993 Tzaneen toe trek om op my neef Nic van Schalkwyk se gedeelte van die plaas *Doornhoek* te gaan bly, was daar reeds 'n hoenderhok. Dit was 'n ordentlik geboude hoenderhok, met die slaapgedeelte wat 'n steen geboude kamertjie was - deel van 'n reeks pakkamers. Maar dit was al oud toe ek daar aangekom het, en die draad was nie meer so goed nie.

Behalwe vir die bosvarke waarvan ek in die vorige storie geskryf het, was daar ook nog baie kleiner ongediertes op die plaas. Hulle het almal onder die wanindruk verkeer dat ek die hoenders goedgunstiglik en spesiaal vir hulle, as hoofvennote in hierdie besigheid, se uitsluitlike verbruik daar aangehou het. Die lastigste van hierdie vennote was die muskeljaatkatte. Maar dit was redelik maklik om hulle getalle onder beheer te hou, want hulle vlug gewoonlik tot in 'n boom die naaste aan die hok. Daar kan jy hulle dan redelik maklik in die nag met die haelgeweer en 'n koplamp doodskiet.

Maar toe begin my hoenders verdwyn uit die hok. Elke tweede of derde oggend is daar 'n hoender weg. Dit was nié 'n muskeljaatkat nie, dit kon ek sien. 'n Muskeljaatkat se vangs kan jy dadelik uitken - as daar 'n hoender sonder kop lê, kan jy maar weet dit is hierdie kolletjies kat se werk, want hulle vreet altyd eerste die kop. En meeste van die tyd nét die kop. Maar hier was geen spoor van enigiets nie - die hoenders het net absoluut spoorloos verdwyn. En ek kon geen spore op die harde grond rondom die hok uitmaak nie.

Ek het op 'n stadium tweebeen ongediertes verdink, maar my honde het my sonder uitsondering gou laat weet as daar een van hierdie soort enigsins naby my werf gekom het. En die 2.4 meter hoë veiligheidsheining om die werf se hekke was elke aand gesluit. Die bosvark gate aan die agterkant van die werf onder die neutbome het ek ook gereeld toegemaak.

Ek sou seker vandag nog nie geweet het wie die skelm was nie, as die ongedierte nie my héél laaste hoender wat hy uit die hok kom haal het, se keel nie heeltemal toegebyt het nie, sodat hierdie hoender 'n onaardse geskreeu oor die werf laat weergalm het. Toe ek met die haelgeweer en koplamp uitstorm, is ek net betyds om te sien dat dit 'n sivet is wat met my hoender in sy bek wegstorm in die rigting van die bosvark gate in die agterste heining. Ek het nooit eers gedink aan 'n sivet nie, want ek het nooit geweet dat daar van hierdie ongediertes op die plaas is nie. Ek het nog nooit een in die nag tydens my vele bosvark jagte raakgeloop nie.

Baie mense praat van mos van 'n sivet*kat*, maar 'n sivet is natuurlik glad nie familie van die katsoorte nie - bekyk dit bietjie van naby en jy sal sien dat dit baie meer hond is as kat. En dit is ook nogal baie groter as wat mens aanvanklik vermoed. Dit het 'n sterk bek waarmee dit 'n hoenderhok se draad gemaklik mee kan oop buig of oplig.

Ek besef dat ek te laat gaan wees om die sivet onder of in die neutbome te vang, ek sal deur die hekkie moet gaan en agter om die heining loop. Omdat dit 'n tydjie vat om eers die hekkie oop te sluit en óm te loop, is daar geen spoor van die sivet toe ek agter die onderste heining aankom nie. Maar ek loop maar heen en weer deur die boord en soek met die koplamp.

Dan vang ek weer sy oog, op die grond tussen die boorde. Maar dis 'n ou kalant, hy wys net sy ogie en dan is hy weer weg. Hy beweeg op die helling van die rant langs, na my niggie Hannie en haar man Johan se grond toe. (Hannie is Nic se suster). Hannie en Johan het 'n gastehuis op hierdie grond, so 100 meter vanaf die huis wat ek by Nic huur.

Reg onderkant die gastehuis se swembad, klim die sivet die eerste keer in 'n digte avokadoboom. Die ligte van die gastehuis se swembad skyn op die boom, wat maak dat die koplamp nie die sivet se oë so effektief laat blink nie. Ek loop tot aan die swembad se kant van die boom sodat ek weg van die gastehuis af kan skiet. Dan beweeg die sivet ook na 'n beter plek in die boom, sodat ek hom weer nie kan sien nie.

So het ek en die sivet mekaar met allerhande skaakskuiwe probeer koudsit, maar toe skielik, sien ek hom vir 'n sekonde mooi tussen die blare én ek het 'n skoot na 'n veilige kant toe en ek skiet. Maar op presiés dieselfde millisekonde wat die haelgeweer se skoot donder, gaan die krag skielik af. En nee, daar was nêrens 'n kragdraad naby wat ek per ongeluk kon raak skiet nie.

Ek kan nie die sivet tussen die ruie blare sien nie, maar ek weet hy is dood - ek het hom gesien ruk, en op so 'n kort afstand kon hy nie die SSG haelkorrels wat gemaak het dat hy so ruk, oorleef nie. Maar ek kan nie nou verder soek nie, want ek sal gou moet terug huis toe om vir Johan te gaan bel en te sê dis ek wat geskiet het. Netnou dink hy dit was 'n terroriste-aanval.

Toe ek onderkant my werf se onderste heining verbyloop, kom die krag weer aan. Ek loop in die huis in en bel dadelik vir Johan. Ek verduidelik vir hom van die sivet. Dan sê ek:

"Ek hoop nie jy het te veel geskrik toe ek skiet nie, dit was darem naby julle swembad."

"Wat praat jy!", sê Johan, "ek het my morsdood geskrik. Want toe ek die slag hoor en die krag gaan af, het daar net een gedagte deur my kop geflits: o magtig, die geyser het ontplof!"

Nic se probleem

Ware jagters is ordentlike mense. Of dan die meeste van hulle - daar is mos maar altyd oral die uitsondering ook. Nou hoor ek al weer iemand sê:

"Dis darem maar 'n wilde stelling wat jy so in die lug in slinger, wat jy natuurlik sê omdat jy self 'n jagter is, maar waar is die bewyse?"

Nou ja, bewyse op swart en wit is moeilik, maar kom ek vertel vir jou wat my jare van ondervinding met jagters vir my bewys het.

Ek jag al vir amper 60 jaar lank, vandat ek 'n klein laaitie was. In hierdie tyd het ek saam met ver oor 'n 100 jagters gejag - vandat ek 'n jong seun was wat soms saam met ouer ooms gejag het, totdat ek vandag 'n ouer oom is (ek haat dit om dit te erken) wat soms saam met jong seuns gejag het. En ek het op baie ander lewensterreine ook met seker meer as 200 ware jagters te doen gehad. Maar kom ons maak dit selfs net 'n ronde 200 jagters, dan gee ek vir julle statistieke. Uit al hierdie jagters weet van minder as:

5 jagters wat hulle vrouens verneuk het

5 jagters wat só gedrink het om 'n kampvuur dat hulle aggressief geword het of uitgepaas het

5 jagters wat iewers bedrog gepleeg het of ander kriminele oortredings begaan het

5 jagters wie se kinders wat self ook jag deurmekaar was met dwelms of ernstige kriminele aktiwiteite.

En alhoewel daar seker diesulkes mag wees, weet ek van nie een ware jagter wat sy vrou geslaan het nie.

Dus minder as twee en 'n half persent in alle gevalle. (Kom ons maak dit selfs 5%, vir as ek dalk hier en daar nie weet van onheilighede nie, dis nog steeds gering). En daar is seker nog 'n hele paar sulke statistieke oor soortgelyke sake wat ek kan opnoem, met dieselfde geringe persentasie jagters wat daaraan skuldig is.

So, sê hierdie statistieke nie vir jou dat, as jy as pa vir jou dogter 'n man kon kies, (en as sy vir jou sou luister, wat onwaarskynlik is) jy nie baie ver verkeerd sou kon gaan as jy vir haar 'n ware jagter as lewensmaat uitkies nie?

Maar nou is daar ongelukkig ander groepe mense wat ook skiet (maar nie jag nie) wat ware jagters se naam soms deur konnotasie 'n slegte reuk gee. En hier praat ek spesifiek van die ouens wat deur jagplaaseienaars "korporatiewe jaggroepe" genoem word. Hierdie manne kan jy rofweg in twee groepe verdeel.

Die ergste van hierdie twee groepe is die groot maatskappye se groepe. Gelukkig gaan hierdie manne normaalweg net na wat mens "kommersiële jagplase" kan noem, wat spesifiek ingaan vir hierdie tipe groepe. In hierdie groot groepe is daar dalk een of twee mense wat jagervaring het, die res gaan net saam om heeltemal uit te haak. As ek vir hulle dieselfde eerste twee statistieke wat ek van die ware jagters gegee het, sou moes gee, sou hulle persentasie op sulke naweke waarskynlik in al twee gevalle 100% wees. By sommige van hierdie groepe se naweke is geld onbeperk en moraliteit totaal afwesig. Gelukkig het ek nog nooit met sulke groepe te doen gehad nie, maar die persoon wie my hiervan vertel het, moes al noodgedwonge sulke groepe hanteer.

Die tweede soort kommersiële groep is darem heelwat beter, alhoewel daar gewoonlik ook minder jagters as skieters is. Dit is dié tipe groepe wat 'n noodsaaklike ergernis is vir die jagplaaseienaars van die plase waar ons gereeld ook jag. Hulle het hierdie groepe nodig om hulle plase enigsins finansieel te kan laat werk, maar hulle haat dit om op sulke naweke teenwoordig te wees.

Hierdie groepe mense is gewoonlik kleiner besighede wat van hulle werkers en kliënte op 'n jag trakteer. Op hierdie naweke word daar ook dikwels baie gedrink tydens die naweek, (darem nie tydens die jag nie) en die eienaar word so half verplig om saam te drink - gewoonlik is die eienaar totaal uitgeput na só 'n naweek en goed sat vir al die dronk mans-manewales en grappe. Maar in hierdie groep is daar darem gewoonlik 'n paar manne wat kán jag en die meeste van die manne is darem redelik ordentlike mense - met hier en daar 'n uitsondering.

En dit was een so 'n groep wat vir Nic die probleem laat optel het. Ek praat natuurlik nou van my goeie vriend Nic Fourie, eienaar van die plase *Barend* en *Piet*, waar ons vroeër jare gereeld gejag het. Die plase lê mos daar teen Bloukop agter die Soutpansberg.

Nic se jagkamp op *Barend* bestaan uit een langerige gebou met 'n badkamer, toilette, sitkamer en kombuis, en dan vier kamers waar seker agt jagters kan slaap. Langs hierdie gebou is daar dan die vuurmaakplek en 'n lekker kuier-lapa. Dan is daar ook 'n aparte dubbelverdieping gebou, waarvan die boonste vloer een groot slaapvertrek is waar nog 'n klomp manne kan slaap. Wanneer daar te veel jagters vir die lang gebou se kamers was, soos in hierdie storie, het Nic altyd saam met die oortollige jagters in die "slaapsaal" op die tweede verdieping geslaap.

Nic is nie die soort man wat sommer sy eie tas sal pak as hy plaas toe gaan nie. By die huis pak sy vroutjie Elna altyd sy tas, en op *Barend* is dit Sanna wat hierdie takie verrig - as sy die naweek daar is, soos sy gewoonlik is as Nic 'n groot groep jagters het.

Nou was daar een van die manne van hierdie groep wat een van daardie rowwe soort nie-jag tydskrifte saamgevat het. Daardie soort tydskrifte waarin al die meisies op die foto's só arm is dat nie een van hulle 'n draad klere kon bekostig nie. Nou of die man iemand was wat gereeld dié soort tydskrifte bestudeer het en of hy dit maar net vir die snaaksigheid gekoop en saamgevat het plaas toe, weet ons nie. Seker laasgenoemde, want toe die manne Sondagmiddag huis toe ry, los hy die tydskrif net daar op sy bed.

Nic moes uit die aard van die saak wag totdat die laaste ou se stofstreep in die paadjie uit die plaas uit wegraak, voordat hy huis toe kon ry. Hy moes ook nog eers sy gidse betaal en hulle werk vir die week uitdeel. Sanna het intussen met die trap opgeklim na die slaapsaal toe en Nic se tas gepak. En héél bo-op al die klere in die tas pak sy die ander man se tydskrif - wat sy op dié ou se bed gesien lê het.

Nou ja, mens kan Sanna natuurlik nie verkwalik nie - ek twyfel of sy ooit geweet het mens kry sulke tipe tydskrifte. Sy sou dit ook nie oopmaak nie, want ek glo nie sy kan eers lees nie. Maar natuurlik het hierdie deeglikheid van Sanna, wat altyd gesorg het dat niks in die kamer agterbly nie, reperkussies veroorsaak.

Want by die huis het Nic net sy tas en sy geweer afgelaai en toe behaaglik in 'n gemakstoel voor die televisie neergesak - dankbaar dat nog 'n korporatiewe jagnaweek verby is.

Na 'n rukkie kom Elna uit die kamer uit en kom staan by Nic.

"Nic," begin sy huiwerig - sy weet nie mooi hoe om hierdie saak aan te voor nie, "het jý 'n probleem?"

Nic het nie 'n idee waarvan sy praat nie, maar hy antwoord darem:

"Nee, ek het nie 'n probleem nie, wat se probleem sal ek dan nou hê?" Al weet hy nie waarvan sy praat nie, is dit ten minste die waarheid, die enigste probleem wat hy gehad het behoort darem seker nou al naby hulle huise te trek as hulle goed gery het.

"Nic," sê Elna weer, "jy kan rêrig met my praat as jy 'n probleem het, énige probleem."

Nic kyk net vir haar, en frons. Waarvan praat sy tog?

"Mens kry professionele hulp ook vir sulke soort probleme, en dis nie 'n skande om hulp te kry nie," probeer sy weer.

"Vrou, waarvan op aarde praat jy tog? Ek het nie 'n idee wat jy nou sê nie!"

Elna haal haar hande van agter haar rug, en hou die tydskrif onder Nic se neus.

"Dis waarvan ek praat. Hoe lank kyk jy nou al na hierdie soort tydskrifte, en kyk jy dalk op die Internet ook na sulke goed?"

Nic vat die tydskrif, heeltemal uit die veld geslaan.

"Waar kry jy dit, en wie s'n is dit?" vra hy vir Elna.

"Dit kom uit jou tas uit, nogal heel bo-op al die klere in die tas!"

Dit het Nic 'n hele ruk gevat om te probeer agterkom waar hierdie tydskrif vandaan kon kom, totdat dit hom bygeval het dat hy iewers deur die naweek so 'n soort tydskrif op een van die ouens se bed gesien lê het. En hy ken Sanna se deeglikheid.

Maar dit het hom baie langer gevat om vir Elna te probeer verduidelik wat gebeur het, en daarna het daar 'n tyd en nog 'n tyd en 'n halwe tyd verloop voordat Elna dit darem so aanvaar het. Of sy dit ooit rêrig geglo het ook? Wie sal weet?

Ek kry nie bloed nie, dit was mis!

Ek wonder hoeveel keer wildplaaseienaars hierdie woorde tydens elke jaar se jagseisoen hoor - net om dan dikwels 'n dooie bok op te tel as die jagters al vertrek het. En gewoonlik sommer nét daar naby waar die jagter omgedraai het met sy soekery.

Jy sal my nie sommer vang dat ek hierdie woorde gebruik nie, want ek het darem al te veel kere hierdie selfde woorde by ander jagters gehoor, met omtrent dieselfde resultate. En dit soms by ouens wat beter behoort te geweet het. Soos een van die Jagtersvereniging se instrukteurs eenkeer gedoen het, nogal met my geweer. En ek het skaam gekry vir sy part.

Ons het 'n Junior jagters kursus gehou op Hans Merensky Natuurreservaat, waar Elize Osmers op daardie stadium parkhoof was. Sy het vir ons toestemming verkry om 20 rooibokke in die reservaat te jag met die kursusgangers. Die toestemming was sodanig dat, nadat elke kursusganger sy rooibok geskiet het, die instrukteurs die orige rooibokke kon jag.

Die Saterdagmiddag is daar nog 'n paar rooibokke oor. Terwyl ons op die een paadjie deur die park ry, sien ons rooibokke langs die pad.

"Wil een van julle 'n rooibok skiet?" vra Siegfried, Elize se man.

"Ja, ek sal een wil skiet," sê die instrukteur (ek gaan nie sy naam noem nie), "maar dan wil ek Abel se geweer leen, want my geweer lê in die kamp."

Ons laai hom af met my 7x57, en ry verder. Omtrent 400 meter verder met die paadjie aan, stop ons onder 'n koelteboom. Nadat ons 'n rukkie daar gesit en gesels het, hoor ons die skoot.

"Dis raak," sê Siegfried, "dit het geklink of daardie skoot klap op die bok."

Ek kon nie baie mooi hoor of die skoot geklap het op die bok nie, maar as Siegfried dit gehoor het, was dit seker raak. Ons wag 'n rukkie om die ou kans te gee om seker te maak die bok lê, en ry dan terug na waar ons die ou afgelaai het. Ons kry hom in die paadjie.

"Ek kry nie bloed nie, dit was mis!" is sy eerste woorde. "Ek dink jou geweer is seker nie reg ingestel nie, want ek het mooi gekorrel."

Ek bly maar stil, ek weet mos daardie geweer skiet presies waar jy korrel.

"Jy het daardie bok raak geskiet," sê Siegfried, "ek kon dit duidelik hoor."

"Ek het oral gesoek," sê die ou, "daar is nêrens bloed nie en daar lê ook nie 'n bok nie, ek is seker dit was mis."

Nadat hy vir ons gewys het waar die bok gestaan het, vat Siegfried die spoor. Seker tien tree anderkant die plek waar die ou omgedraai het, kry hy die bok. Dit was 'n perfekte skoot, maar die eerste bloed wat ons kry, is net daar waar die bok lê.

Toe ons later weer alleen is, sê Siegfried vir my:

"Hoe kon julle hierdie man 'n instrukteur maak?"

Ek het my geskaam vir my eie vereniging, wat help dit om te sê die ou het eers baie laat in sy lewe begin jag, want Siegfried was reg: hoe kon ons so iemand dan 'n instrukteur maak?

Maar ek het later 'n baie goeie praktiese voorbeeld beleef van hoekom mens dikwels nie bloed op 'n spoor van 'n bok kry nie, veral op 'n groot bok soos 'n koedoe. Ek wil dit graag hier vertel, sodat ouens wat dalk nie so baie ondervinding in dié soort ding het nie, dalk net kan leer en sodoende 'n soortgelyke situasie in die toekoms kan vermy.

Ek jag eenkeer op *Cohen* en *Otto*, die twee plase van my vriend Karl Osmers daar agter die Soutpansberg. Ek beweeg stadig deur die digte mopanies op *Otto*, waar jy fyn moet kyk en suutjies moet loop. Dis náby jag, die wild is dikwels sommer nét hier by jou en spring nege uit die tien keer amper teen jou weg sonder dat jy hulle gesien het.

Dan sien ek skielik 'n groot koedoebul voor my, seker 40 meter ver - vir 'n wonder is die bul in die oopte en ek in die digte mopanies. Dis bitter selde dat jy 'n koedoebul só kry en ek gaan sit dadelik plat op my boude. Ek kan glad nie die horings sien nie, ek sien net tot by sy voorbeen, maar ek kan duidelik sien dis 'n groot bul. Met my elmboë op my knieë vat ek baie mooi korrel met die 7x57, net agter die blad, en skiet. Ek is seker dis 'n doodskoot.

Die volgende oomblik is dit net koedoes wat hardloop, en ek het nie eers een ander koedoe gesien nie! Ek kyk stip vir die plek waar die bul gestaan het om dit in my gedagte te merk, en loop dan soontoe. Aan 'n droë boom wat min of meer staan op die plek waar ek dink die koedoe gestaan het, maak ek 'n stukkie toiletpapier vas. Gewoonlik merk ek die plek waarvandaan ek geskiet het, ook met toiletpapier, maar ek is so seker dat hierdie koedoe net hier iewers lê, dat ek dit nie hierdie keer gedoen het nie.

Nou probeer ek tussen al die baie spore die een van my bul uitken. Nêrens is eers 'n teken van bloed nie. Mens kan gewoonlik die lyn van waar jy geskiet het na waar die bok gestaan het redelik goed bepaal, maar dis nie altyd maklik om die presiese plek waar die bok was op hierdie lyn, vas te stel nie.

Dit kon bietjie verder of dalk bietjie nader wees op hierdie lyn.

Nou doen ek eers wat ek altyd doen as die spore my dom maak: ek soek in 'n halfmaan na die kant waarheen die bok gehardloop het - maar ek kyk darem dat ek nie op een van die spore trap nie, sodat 'n beter spoorsnyer as ek dalk later kan kom soek sou dit nodig word.

Met 'n skoot deur die longe of hart, hardloop 'n bok gewoonlik nie verder as so tussen 70 en 100 meter nie. Dus soek ek in halfsirkels, elke keer so 15 meter verder as die vorige halfsirkel.

Dan sien ek skielik 'n koedoebul voor my, wat skrik vir my en wegdraf in die bos in. Is dit my bul? Ek sien niks op die blad wat lyk soos 'n skoot nie, maar dit was darem ook bietjie skielik sodat ek nie mooi kon sien nie. Ek wil nie weer skiet as ek nie seker is nie, en as dit my bul was, het ek dit in elk geval nou opgejaag sodat die ekstra adrenalien dit nou verder sal laat hardloop as wat ek dit net sou gelos het. Dus: tyd vir professionele hulp - iemand wat beter kan spoorsny as ek!

Ek loop die drie kilometer terug na die ou opstal op *Cohen*, waar Karl se slagkamer ook is. Karl is nie daar nie, maar gelukkig kom sy broer Henk net op daardie oomblik daar aangery met sy geel Land cruiser.

"Man, is ek bly om jou te sien!" groet ek hom.

"Dan het jy seker 'n ding gekwes dat ek moet kom help soek, nè!" lag Henk. Hy kén al hierdie storie.

"Nee, ek dink ek het hom doodgeskiet, maar ek kry hom nie - daar is te veel spore maar daar is niks bloed nie."

"Dis 'n lekker verandering," sê Henk, "om 'n jagter te kry wat sê hy het nie bloed gekry nie, maar nié sê dat hy mis geskiet het nie."

"Nee," sê ek weer, ek is doodseker ek het hom raak geskiet, miskien effens hoog, maar hy moet net daar iewers lê."

Ons ry met Henk se Land cruiser na die plek op *Otto* waar my toiletpapier aan die droë boom hang. Die koedoes het aan die kant van die enigste redelik oop kol in *Otto* gestaan, dus kan ons met die Land cruiser tot amper by die plek ry.

"Van waar af het jy geskiet?" vra Henk toe ons afklim en ek hom die plek wil wys waar ek volgens die wegspring spore dink die koedoebul gestaan het.

"Jong, ek was so seker dat daardie koedoe lê, dat ek nie eers die plek gemerk het vanwaar ek geskiet het nie," sê ek. "Maar ek is amper seker dis hierdie spore."

"Nee," sê Henk, "ek het al deur die jare geleer dat jy jouself baie loop en soek kan spaar deur éérs te kyk waar die koeël heen is, voordat jy spoor vat. Ek moes al baie kilometers op 'n spoor loop, net om agterna uit te vind dat die jagter 'n tak raak geskiet het. Kan jy my min of meer wys van watter kant af jy geskiet het?"

Ek wys die algemene rigting waarvandaan ek dink ek het geskiet. Henk loop in 'n halfsirkel in daardie rigting, kry my spoor en volg dit terug tot by die plek waar hy my boud merke in die sand kry.

"Goed," sê hy, "hier het jy gesit toe jy geskiet het. Kom wys my nou weer waar die koedoe gestaan het."

Ek gaan sit in my boud merke, kyk na die droë boom.

"Net regs van daardie droë boom het hy gestaan," sê ek, sy voorlyf was agter daardie mopanies aan die kant van die oopte. Dit kon dalk verder of nader gewees het, maar dit was my lyn."

Henk loop al op die lyn langs, en waar daar enige iets groei naby hierdie lyn, kyk hy noukeurig of daar nie 'n koeël-merk is nie. Hy loop 'n hele ent verby die plek waar ek dink die koedoe gestaan het, en bekyk ook daardie enkele bome wat daar staan en soek vir 'n koeël-merk op die grond.

"Goed," sê hy, "mens kan nie presies seker wees nie, maar dit lyk of jou koeël nie 'n tak geraak het nie en ook nie verby die bok getrek het nie."

Nou volg hy elke wegspring spoor 'n entjie, skud sy kop, en kom dan terug om 'n volgende een te volg. Uiteindelik sê hy:

"Nou ja, dit lyk of dit hierdie spoor moet wees wat jy gesê het, die ander spore lyk nie of dit deur gekweste bokke getrap is nie."

Nou volg hy die spoor ernstig. Na 'n hele entjie sê hy:

"Ja, dit moet hierdie spoor wees, kyk, hier het sy elmboog die grond gevang soos hy effens gestruikel het."

Ek kyk na die effense merkie op die grond, met groot verwondering oor Henk se spoorsny vermoë.

"Ja, dit moet verseker hy wees," sê Henk, "dis net snaaks dat ons absoluut niks bloed kry nie. Aaa! Wag, hier is bloed! Nou weet ons darem ten minste doodseker dis die regte spoor."

Langs die spoor lê 'n spikkeltjie bloed, seker so groot soos 'n speld se punt. As hy nie so intens spoor gesny het nie, sou ons bo-oor dit geloop het sonder om dit te sien.

Na nog 'n rukkie van spoorsny, sê Henk vir my:

"Nou moet jy baie mooi kyk, daardie bok is nou baie naby. Ek kan nie die spoor sien en vir die bok kyk nie."

Ek en Henk dra albei bril (op daardie stadium het ek ook nog bril gedra om ver te kan sien), maar nie een van ons kan met ons brille op die spoor duidelik sien nie, daarom het Henk sy bril afgehaal. Sonder bril sal hy nie die koedoe mooi kan sien in die bos nie. Ek het my bril op, waarmee ek die spoor nie mooi duidelik gedefinieer kan sien nie, maar darem die koedoe sal kan gewaar! Daarom moet ek voor kyk en Henk na die spoor.

En hy was reg, want net 'n paar tree verder sien ek die koedoe. Hy lê op sy vier pote, lyf en kop regop.

"Ek sien hom!" fluister ek vir Henk.

"Leef hy nog?" vra Henk.

"Ja, hy lewe, maar hy lê op sy pote" fluister ek saggies terug.

"Skiet hom weer!" sê Henk, en ek skiet die koedoe weer op die blad - van die anderkant af as die eerste skoot. Die koedoe val net daar om, morsdood. Dis 'n baie mooi bul, met dik, nou horings. (die horingpunte is na aan mekaar)

"Jy het hom net bietjies te hoog geskiet," sê Henk, "deur die bopunt van die longe. As jy hom nie opgejaag het toe jy spoor gesoek het nie, het hy teen hierdie tyd al self gevrek. Maar kyk bietjie hier," en hy wys na die koeëlgat op die blad, "hier is die koeël in, en dit sit waarskynlik aan die anderkant van die koedoe nét onder die vel, soos hierdie koeël van jou tweede skoot, wat jy van die ander blad se kant af geskiet het, hier onder die vel sit. Kyk, die ingangswond se koeëlgat het heeltemal toegetrek, en omdat daar geen uitgangswond is nie, is daar geen plek waar die bok kon bloei nie. Dis hoekom ons geen bloed op die spoor gekry het nie."

Na die ondervinding met hierdie koedoe, het ek meer noukeurig opgelet na die koeëlgate op groter bokke, wat deur myself en ander jagters geskiet is, en agtergekom dat dit met meeste kleiner kalibers soos die 6 millimeters, 6.5e en 7 millimeters en selfs soms 308's, so gebeur - die ingangswond trek toe en die koeël gaan nie deur die bok nie. Die koeël van hierdie kalibers gaan meesal deur die vaste bene en vleis van die bok, en die vel aan die anderkant van die bok gee mee wanneer die koeël dit tref, sodat die koeël nie deur die vel gaan nie. Dis hoekom mens dikwels die koeël nét onder die vel aan die wegkant van die bok kry. Dis amper soos wanneer jy sou probeer om deur 'n nat laken op die wasgoeddraad te skiet, die koeël sal nie deurgaan nie omdat die laken saam met die koeël beweeg.

Daarom, groot asseblief, moet nooit weer sommer sê:

"Ek kry nie bloed nie, dit was mis!" Kry *altyd* iemand wat beter spoor kan sny as jyself wanneer jy na 'n bok geskiet het en dit nie dadelik kry nie - sodoende kan jy dalk net verhoed dat jou duur vleis op die veld bly lê en vrot sonder dat jy 'n stukkie daarvan huis toe vat.

Want onthou, jy gáán betaal vir daardie bok, of jy hom nou kry of nie!

Pasop nou maar vir 'n bosbok!

My broer Jopie en ons vriend Karl Osmers, wat al vriende is van kleins af, het deur die jare al baie avontuurlikhede belewe. Gelukkig was darem net party van hierdie avonture rêrig baie gevaarlik. En al kon hulle in die tyd toe hulle nog op skool was nog nie rêrig 'n gevaar sien aankom nie, het hulle darem geweet wat om te gebruik om die gevolge van die gevaar teen te werk.

Soos die slag met die knortjor. Oom Boet (Karl se pa) het eenslag vir sy seuns 'n ordentlike knortjor gebou. Die motor wat die knortjor aangedryf het, was 'n Briggs & Stratton enjintjie, maar dit was 'n bietjie swak vir Mapietskop se opdraandes. Want van hulle huis af was dit alkante toe afdraande, maar *steil* afdraande, gevaarlike afdraande, maar as jy moet terug huis toe, was die opdraandes natuurlik nét so steil. Daarom het Karl en Jopie die "sprocket" vervang met een wat die krag van die enjin bietjie meer sou maak vir daardie opdraandes. Die knortjor het natuurlik nie oor onnodige goed soos remme beskik nie.

Maar eendag, nie lank nadat hulle die verstelling gedoen het nie en hulle besig was om in die steil brandpad af te ry, breek hulle sweiswerk op die "sprocket" en daar trek hulle bult-af teen 'n vinnig vermeerderende spoed. Dit was 'n woeste, vreesaanjaende rit teen die steilte af - deur gate en slote en jong bloekom boompies. Sewe jong bloekoms wat hulle morsaf ry wou nie die knortjor stop nie, alhoewel Jopie vrywillig van die knortjor afskeid geneem het by die tweede boompie. Nie dat hy agtergebly het waar hy afgeklim het nie, nee hy moes, sonder dat hy wou, eers 'n entjie saam met en parallel aan die knortjor skuif voordat hy tot stilstand gekom het. Eers teen die eerste afgesaagde bloekom stomp steek die knortjor vas. Karl se vaart verby die stomp en sonder die knortjor, neem egter nie so gou af in spoed nie. Toe hulle albei op hulle onderskeie posisies uiteindelik tot stilstand kom, moes hulle nogal taamlik soek om 'n heel stuk vel op hulle liggame te kry.

Maar Karl se ma en pa was nie by die huis nie, daarom loop hulle kruppel-kruppel die hele Mapietskop af, tussen die bloekoms en die piesangbome deur tot by ons huis onder op *Doornhoek*. Waar my ma haar amper buite weste skrik vir die twee bebloede wesens wat daar aangeloop kom.

"Wat het gebeur?" vra sy geskok.

Nadat hulle redelik onsamehangend vertel het, wil sy dadelik met hulle dokter toe jaag, waarvan die twee net mooi niks wil weet nie.

"Dan moet ek ten minste vir julle iets ingee vir die skok," sê sy besorg.

"Dis nie nodig nie, Ma," sê Jopie, "ons het sommer langs die pad piesangs geëet vir die skok!"

Bo-op Mapietskop het 'n paar plase bymekaar gekom, onder andere gedeelte 72 van die plaas *Broederstroomdrift*, waar Karl-hulle gebly het, en ook dié gedeelte van *Doornhoek* wat aan my oom Niek van Schalkwyk behoort het. Van Karl-hulle se huis af tot onder op *Doornhoek* was daar 'n stuk bloekomplantasie en ook baie ruie natuurlike bos.

Eenslag het my tannie Neelsie (my oom Niek se vrou) vir Karl gevra om 'n bosbok op *Doornhoek* te kom skiet. Hierdie bosbokram was 'n taamlike ergernis in haar groentetuin, waarop sy baie gesteld was. Hierdie groentetuin was naby die plek waar Johan en Hannie jare later die gastehuis gebou het. (Die huis wat ek by my neef Nic gehuur het, was oorspronklik my oom Niek en Tannie Neelsie se huis.)

So het Karl en Jopie een nag met die koplamp en oom Boet se nuwe 308 van Mapietskop af geloop om hierdie bosbok te gaan skiet. Hulle was darem nou al in die hoërskool, Karl was seker in standerd nege en Jopie in standerd agt.

Vir 'n bosbok moet jou koplamp se lig nie te helder wees nie, want van skelm-geit kan jy 'n bosbok eintlik niks leer nie. Jy moet ook nie sommer direk in sy oë lig nie, nee net so skramserig by hom verby dat jy net die weerkaatsing van sy oë kan vang.

Naby die plek waar ek baie jare later die sivet, waarvan ek in 'n vorige storie vertel het, geskiet het, sien hulle die rooi oë van die bosbokram. ('n Bosbok se oë skyn mos rooierig in die lig van die koplamp, 'n duiker s'n is meer witterig en enige kat-ding se oë groen). Die bok is naby die ruie bos wat aan die bokant tot teen die spruitjie groei, terwyl Karl en Joop seker halfpad tussen die kruin van die rant en die bos is. Nou weet Karl, daardie bosbok gee jou gewoonlik net 'n halwe kans, dan glip dit in daardie bos in en jy sal dit nie weer vanaand sien nie.

Daarom weet hy dat hy nie sal kan nader gaan nie, en hy skiet sommer van waar hy is. Dis bietjie te 'n ver skoot na 'n bosbok se kop in die nag, maar die bok val gelukkig net daar waar dit gestaan het. Karl en Jopie stap versigtig nader, terwyl Karl heeltyd op die bok lig vir ingeval dit miskien nie heeltemal dood is nie en dalk wil opspring. Maar die bok lê net waar dit geval het.

En dis goed so, want al het Karl en Jopie dit daardie tyd nog nie geweet nie, is 'n gekweste bosbok 'n bitterlik gevaarlike dier om mee te sukkel, en sulke bosbokke het al verskeie mense doodgemaak. In die tyd toe ons op *Bosluisbult* gebly het, was daar 'n artikel in die plaaslike koerant van 'n man wat 'n bosbok op sy erf in Louis Trichardt aan die kant van die dorp doodgeskiet het. Of liewer, hy het gedink dis dood en het sy tuinwerker 'n mes gegee om die bok se keel af te sny. Die volgende oomblik het die bosbok albei sy horings in die tuinwerker se maag ingeslaan sodat die horingpunte agter by sy rug uitgesteek het!

Maar Karl en Jopie se bosbok lê darem skynbaar morsdood, half in die ruie bos waar dit ingeval het. Karl sit die 308 neer en hy en Jopie vat elkeen 'n horing en sleep dit uit die bos uit. Karl haal sy spoggerige Buck mes uit en maak dit oop om die bok se keel af te sny sodat dit kan uitbloei. En presies op daardie oomblik maak die bosbok sy oë oop!

"Pasop, hy lewe nog!" skreeu Karl onnodig vir Jopie, wat ook al klaar daardie onheilspellende oog gesien het, en alreeds verbete vashou aan die een horing en dit vasdruk op die grond. Karl hou die ander horing met sy linkerhand vas en in die regterhand die Buck mes waarmee hy die nek begin sny.

Maar die bosbok wil nie gesny word nie, sy kop word wel op die grond vasgedruk, maar hy tel sy hele lyf van sy nek af op, trek al vier pote bymekaar, en gee 'n geweldige skop! Die mes vlieg uit Karl se hand, skoon weg, en nou besef hierdie twee manne dat hier 'n baie ernstige en lewensgevaarlike situasie besig is om te ontwikkel met hierdie bosbok.

"Het jy 'n knipmes?" vra Karl vir Jopie, terwyl hulle al hulle kragte inspan om die bosbok se kop op die grond vasgedruk te hou. Die bosbok spook nou verbete om los te kom en Jopie en Karl kan dit skaars vasgehou kry.

"Ja," sê Jopie, "in my jean se sak."

Nou ken jy 'n jean langbroek - daar is nie 'n manier waarop hy daardie knipmes uit sy sak gaan kry terwyl hy in 'n sittende houding spook om die bok se kop vasgehou te kry nie. Maar hy móét probeer, en omdat sy regterhand sterker is om die horing vas te hou, los hy met sy linkerhand die horing om met hierdie dom hand die mes uit te kry. Maar dan tel die bosbok weer sy hele lyf op en skop, sodat die horing op 'n nippertjie na weer uit sy regterhand los glip. Hy gryp weer met albei hande.

Nou kom Jopie op sy knieë, los weer sy linkerhand en kry uiteindelik sy linkerhand in die jean se sak ingedruk. Met sy vingerpunte voel hy die mes raak en grou dit uit. Hy gee dit vir Karl aan en moet dan weer vinnig gryp na die horing wanneer die bosbok weer hewig spook en ruk.

Karl vat die knipmes by Jopie.

"Dit is maar 'n powere verskoning vir 'n mes," dink Karl.

Dis 'n ou baie klein knipmessie. Karl sukkel om dit met een hand oopgemaak te kry. Dan probeer hy sny, maar die messie is so stomp dat dit amper nie eers 'n merk op die bok se keel maak nie. Hy probeer weer met die stomp messie "saag" aan die bok se keel, maar al wat hy regkry is dat die bok net meer verbete spook om los te kom.

"Jy moet nou gou maak!" steun Jopie, "ek sal nie meer baie lank so kan vashou nie!"

Hulle is albei gedaan - dis net die bosbok wat nog nie moeg is nie. Nou probeer Karl iets anders: hy probeer die messie in die bok se slagaar in te steek. Dit wil nie mooi ingaan nie, maar uiteindelik, net toe Jopie angsbevange begin wonder wat hierdie geveg se uiteinde gaan wees, geluk dit vir Karl om deur die vel in die slagaar gesteek te kry. Hy woel die messie heen en weer totdat hy uiteindelik die slagaar heeltemal oopgesny kry.

Met hulle laaste kragte kry hulle dit reg om die bok vas te hou totdat dit uitgebloei het en begin stil lê. En toe lê hulle ook, langs die bok.

Nadat hulle 'n hele lang ruk net so bly lê het, was hulle darem uiteindelik redelik uitgerus, en toe eers bekyk Karl die bok: hy het dit net deur die vel gesny met die koeël, tussen die horing en die oor, en die slag teen die basis van die horing het die bok katswink geslaan. So in werklikheid het Karl en Jopie 'n lewendige, ongekweste bosbok met 'n patetiese klein stomp knipmessie doodgemaak!

En die spoggerige Buck mes is tot vandag toe nog weg.

'n Vlakvark vir 'n spitbraai

In die tyd toe ouboet Gerhard en skoonsus Annie naby Kalkfeld in Suidwes-Afrika (Namibië) vir Cyril Hurwitz geboer het op een helfte van sy 30 000 Hektaar plaas, het ek een Kerstyd tot ná Nuwejaar by hulle gekuier. Annie se neef André en sy kollega het ook vir 'n dag of wat ná Kersfees daar gekuier. As ek reg kan onthou, was die kollega se naam Pieter. Hulle was albei verbonde aan die veiligheidspolisie, en Pieter het die rang van luitenant beklee.

Dit was in die tyd toe terroriste groepe al meer begin deursypel het vanaf die grens tot op die plase in die Outjo en Kamanjab distrikte. Aanvanklik was dit die veiligheidspolisie se taak om hierdie terroriste te bestry, maar in die tyd van hierdie storie het die plaaslike kommando hierdie taak oorgeneem. Daar was taamlik wrywing tussen hierdie twee groepe, maar uiteindelik het die kommando baie beslis aan die veiligheidspolisie verklaar dat húlle die verantwoordelikheid op húlle skouers neem en dat die veiligheidspolisie nie meer daar hoef te wees nie. Die veiligheidspolisie het redelik onwillig ingestem, op voorwaarde dat hulle af en toe die kommando's sal besoek om te sien of alles nog wel verloop.

Dit was dan die rede vir Pieter en André se teenwoordigheid in die omgewing daardie Desembervakansie - hulle moes elke kommandolid op sy plaas besoek. Nie dat dit vir hulle nodig was om by te veel kommandolede te kuier nie, want van die hele Outjo kommando het hulle net twee boere by hulle huise aangetref - al die ander boere was op Torrabaai vir die vakansie! Toe Pieter die bevelvoerder van die kommando ná die vakansie daaroor konfronteer en herinner aan die kommando se onderneming, wil die bevelvoerder baie verontwaardig by Pieter weet:

"Nou vir wie moes ons oppas, almal was dan by die see!"

Op Oujaarsdag besluit ons om 'n donkiekar-resies vir die werkers op die plaas te reël. André en Pieter moes later die dag weer terug ry en dus het ons die resies vir die oggend gereël. Ons het elkeen 'n paar rand in 'n hoed gegooi en dit sou die wenner se prys wees.

Daar is, behalwe ons paar blankes, sommer 'n hele skaretjie van die plaaswerkers se gesinne wat die jaers uitbundig toejuig nadat hulle weggespring het. En die donkiekar drywers is ook nie juis stil nie. Hulle moedig hulle strydrosse luidkeels aan en toe hulle om die draai op die groot grondpad gejaag kom, lyk dit amper soos op Kyalami. Dis net stof waar jy kyk en donkie pote wat klap op die gruispad. Dis sommer baie opwindend vir al die toeskouers én die jaers.

Ou Dawid, die Damara saam met wie ek al 'n slag of wat gejag het, is die wenner. Maar ook maar nét, en die tweede plek is so 'n kortkop agter Dawid dat ons besluit dat hy ook 'n prys moet kry. Pieter het 'n bottel brandewyn wat so 'n bietjie oor half vol is, en daaruit gooi ons in 'n klein botteltjie van hierdie brandewyn vir die ou in die tweede plek se prys.

Maar nou voel Dawid dat sy prys vir hom op *hierdie* oomblik, met al wat 'n drankwinkel is baie ver en nog boonop tóé ook, nie enige onmiddellike voordeel inhou nie. Hy wil net met alle geweld vir sy kontant wat hy gewen het, die kwart bottel brandewyn wat oor is, koop.

"Ek sê: "Dawid, met daardie geld kan jy 'n vol bottel brandewyn koop en nog geld oorhou as die drankwinkels weer oopmaak. Julle het mos in elk geval julle eie bier ook gemaak, so jy hoef mos nie nog brandewyn óók te hê nie. Buitendien kan jy nie vanaand so baie drink nie, onthou dat ek en jy more-oggend 'n vlakvark moet gaan skiet vir die spit."

Ouboet en Annie het naamlik die Posmeester van Kalkveld Poskantoor (en waarskynlik die enigste personeellid, buiten die dametjie van die sentrale) en sy vroutjie genooi om die volgende aand by ons te kom eet - daar is belowe dat ons 'n vlakvark op die spit gaan braai vir hulle.

Maar die feit dat hy later 'n vol bottel sal kan koop, speel nie vir Dawid 'n rol nie - dis nog te 'n lang tyd voordat die drankwinkels weer opmaak, en hy wil nóú die brandewyn hê, dis immers Oujaar. En ek moet nie worry nie, hy sal sorg dat hy reg is vir die jag. Hy hou so aan oor die brandewyn wat hy wil koop dat Pieter naderhand sê:

"Nou maar goed Dawid, vat dan maar hierdie bietjie brandewyn en hou maar jou geld, ons gaan in elk geval nou ry en gaan nie gou weer brandewyn drink nie."

"OK Dawid," sê ek toe ons almal uitmekaar beweeg, "ek kry jou more-oggend baie vroeg by jou huis." Maar, as ek sien dat hy die kwart bottel brandewyn in net drie slukke wegsluk, verander ek die tyd:

"Goed, kom ons maak dit liewer nege uur more-oggend, ek sien jy gaan nie so vroeg wakker word nie."

"Dis reg," sê hy, "kom laai my maar op."

Die volgende oggend nege uur hou ek by Dawid se huis stil. Daar is geen lewe nie. Ek ry tot by sy deur en druk die toeter. Nog niks. Dan druk ek dit vir 'n langer tyd, en weer en weer. Na 'n lang ruk kom Dawid se vrou baie deur die blare by die deur uit.

"Maak vir Dawid wakker," sê ek, "ons moet ry."

Na 'n lang ruk verskyn Dawid in die deur. Hy lyk maar taamlik oes, maar hy groet darem en klim in die bakkie. Ons ry tot by die een krip waar ons weet dat daar gereeld vlakvarke kom drink. Ek stop die bakkie 'n hele entjie wind-af vanaf die krip, en nadat ek met 'n gesukkel vir Dawid wéér wakker gekry het, loop ons gebukkend tot naby die krip, waar ons agter 'n redelike digte struik gaan sit. Of ten minste waar ék gaan sit, want Dawid val sommer dadelik om en slaap verder.

Die wind waai effens van noord na suid, en my sitplek is oos van die windpomp, krip en dam. Ek sit doodstil en wag met my Mauser .22 oor my skoot. Na 'n hele lang ruk kom daar 'n vlakvark in om te drink, maar as ek sien dis 'n groot en ou alleenloper beer, los ek hom. Ons soek 'n jong vark vir die spit, en ek weet hier is rêrig baie varke wat altyd hier kom drink - ons kry hulle gereeld as ons hier verbyry en ek het al 'n paar hier geskiet. Ek moet net geduld gebruik, daar sal wel 'n jonge inkom.

Dan begin Dawid snork. Maar as ek sê snork, dan bedoel ek SNORK! Eers is dit nie te erg nie, maar dan lyk dit of hy nou rêrig lekker op spoed kom - dit dreun sommer soos hy snork. Ek stamp aan hom:

"Dawid," sê ek saggies, "word wakker!"

Maar Dawid roer nie eers nie, snork net al hoe lekkerder. Ek sien 'n jakkals wat aankom water toe, maar dan steek hy vas en spring met 'n spoed om en hol weg. Hy kon ons nie geruik het nie, dis net Dawid se gesnorkery wat hom weggejaag het.

Ek stamp weer aan Dawid, hierdie keer ordentlik.

"Dawid, word wakker!" Ek praat nou hard, want hy snork nou so hard dat hy my andersins nie sal hoor nie. Ek rol hom heen en weer, maar wie slaap is Dawid!

Ek haal die .22 oor, wys die loop in 'n veilige rigting, en skiet drie skote hier by sy oor. Nou begin ek al dink hy het dalk in 'n koma gegaan of iets, mens kan mos nie so vas slaap nie!

Ek vat my vol waterkannetjie en gooi bietjie water op sy gesig. Hy mompel effens en slaap weer verder. Nou gooi ek my hele kannetjie water oor hom uit, maar selfs dit help niks. Nou word ek rêrig bekommerd oor hom. Ek gaan maak die kannetjie weer vol by die krip en met die laaste druppel water uit die kannetjie wat ek oor hom gooi gaan sy oë uiteindelik oop en hy sit regop.

"Wat gaan aan?" vra hy.

"Jy wou nie wakker word nie, en jy snork so hard dat niks eers naby die water wil kom nie," sê ek en begin bakkie toe loop.

"Nee," sê Dawid verontwaardig, "ek is dan nog die hele tyd wakker!"

Gister kyk ek weer na die foto van die spitbraai wat ons daardie Nuwejaarsdag, meer as 40 jaar gelede, gehou het. Ek verkyk my aan hoe jonk Annie en Gerhard nog lyk, en aan die woeste bos hare wat 'n baie jonger weergawe van myself daar gehad het. En ek kry weer lag as ek na die spit kyk - die drie hoendertjies aan die spit lyk maar na 'n power plaasvervanger vir 'n jong vlakvark!

Springhaasjag

Vroeër jare was daar baie springhase agter die Soutpansberg, (of "agter die berg" soos ons mense hier rond sê) op die plase waar ons gereeld gejag het. Daar is seker verskillende wetenskaplike teorieë hoekom daar vandag nie juis meer springhase op daardie plase is nie. Die voordeel wat mens het as jy jou eie boek skryf, soos ek, is dat jy maar jou eie teorie mag neerskryf en niemand kan dit betwis nie. As iemand dit wil betwis, moet hy eers sy eie boek gaan skryf, sodat hy daarin kan vertel hoe verkeerd jou teorie is en dan sý simpel teorie daar neerskryf.

My teorie is die volgende: Vroeër jare was daar altyd beeste en boerbokke aangehou op die plase agter die berg. Alhoewel die Bosveld in goeie jare baie vee kan dra, sal hierdie selfde aantal beeste en veral boerbokke in droogtejare soveel skade aan die veld aanrig dat dit baie jare vat om te herstel. Ook op plekke waar van die ou boere lande gemaak het, herstel die veld nie sommer binne 'n jaar of twee nie. Ek ken 'n plek waar daar 'n boerbok kraal was waar dit seker meer as twintig jaar geneem het voordat daar weer ordentlike weiding gegroei het - nie net waar die kraal self was nie, maar ook 'n hele stuk rondom dit.

Hierdie vernielde en oorbeweide veld is die ideale habitat vir springhase, en hulle vermeerder baie gou op sulke veld. En hulle doen baie skade op so 'n stuk veld. Behalwe dat hulle taamlik baie van die weiding en ook aangeplante gewasse kan opvreet, grawe hulle die hele wêreld vol gate, waarin mens en dier maklik 'n been kan breek en voertuie baie skade kan opdoen. 'n Springhaas is natuurlik nie verwant aan 'n vlakhaas of 'n kolhaas nie, dis in werklikheid 'n knaagdier en glad nie 'n haas soos die naam beweer nie. Hulle is meesal snags aktief.

Vandat al hoe meer boere agter die berg, vanaf so veertig, vyftig jaar gelede, begin het om nét met wild te boer, het die veld sodanig verbeter dat die habitat ongeskik geword het vir springhase. Want, behalwe vir enkele plase waar boere te veel wild aanhou, is die toestand van die veld van die plase agter die berg vandag seker honderd keer beter as sestig jaar gelede. En dit voel amper asof die droogtes ook nie meer so erg is as toe die boere nog baie vee aangehou het nie.

Aan die begin toe ons daar agter die berg begin jag het, het ons die springhase "aangeval" op 'n manier wat seker nie as jag beskou kan word nie. Hiervoor moes jy 'n paar ordentlike stewels hê, want die springhase is in die nag met 'n lig verblind en jy moes in die donker lángs die ligstraal om beweeg en dan die springhase probeer raak skop. (Ja ek besef party mense se hare sal seker almal regop op hulle koppe staan as hulle dit moet hoor, maar destyds, vyftig jaar gelede, was dit maar die manier van doen). En net om die sensitiewe siele 'n bietjie beter te laat voel moet ek darem sê dat, alhoewel dit vet pret was, ons nie juis te danig suksesvol met die skoppery was nie. Die mortaliteit syfer was besonder laag, trouens ek kan rêrig nie van een dooie springhaas onthou nie. Maar dit was hope pret.

Aan hierdie soort springhaas-"jag" het die hele familie gewoonlik deelgeneem, ma's, pa's, ooms en tantes en al die kinders - almal was op die bakkie. Die mans het probeer skop, en die vrouens het hulle die heeltyd slap gelag op die bakkie. Want met hierdie aktiwiteit het daar 'n splinternuwe dans ontwikkel: die *springhaas-dans.* Dis moeilik om hierdie dans te beskryf, miskien so iets tussen 'n riel of askoek vastrap en die sestigerjare se "jive". Net baie erger. Amper meer soos wanneer jy regoor 'n vlakvark gat sit en kyk en 'n ander man stamp so bo-op die grond bokant die vlakvark in die gat, sodat dit met 'n vaart onder jou bene deurstorm. Dáárdie soort dans.

En dis omtrent as gevolg van dieselfde soort ding dat hierdie dans ontstaan het. Want as jy bokant 'n springhaas gat staan met jou twee-nommers-te-groot-army-bootse en hier peul skielik 'n ding tussen jou bene uit, móét jy daardie soort dans doen om terselfdertyd pad te gee én te probeer skop ook nog boonop. En ons kinders (en die vroumense op die bakkie) het ons verwonder daaraan dat ons pa's en ooms met boepense en al nog sulke soepele bewegings en lastige systappies op hulle hogere ouderdom kon uitvoer.

Ons het soms met 'n koplamp en die .22 gaan springhase jag. Meer suksesvol ook moet ek bysê. So het Karl Osmers se pa, oom Boet, een aand om die kampvuur daar op *Cohen,* vir my, Karl en Jopie elkeen ook 'n glasie sjerrie gegee om te drink. Ek was seker pas in die hoërskool, Jopie en Karl nog in die laerskool.

Na die sjerrie het ons die .22 en koplamp gevat en op die ou land naby die huis gaan springhase skiet. Ons het beurte gemaak om te skiet, maar ons kon daardie aand nét nie mis skiet nie! Eers skiet Karl, tussen die springhaas se oë. Dan Jopie en daarna ek, almal dieselfde skote tussen die oë. So het ons daardie aand seker elkeen twee of drie springhase geskiet. Dit moes net die sjerrie gewees het wat ons seker so doodkalm gemaak het dat ons net nie kon mis nie.

Maar as jy nou rêrig 'n behoefte het om 'n slag ordentlik te verdwaal, kan jy gerus maar bietjie probeer om met 'n koplamp in die nag in die Bosveld te gaan jag. Jy het naderhand nie meer 'n idee waar jy is of watter kant die huis is nie. Die enigste manier hoe jy weer by die huis sal kan uitkom, is om die lig af te sit. Staan 'n ruk lank stil dat jou oë net gewoond raak aan die donker, en kyk maar waar die Suiderkruis sit en onthou watter rigting jy van die huis af weggeloop het. In die donker kry jy jou pad makliker terug as met die lig. En jy kry oorgenoeg tyd om te besin oor jou onnoselheid, want elke wag-'n-bietjie of haak-en-steek waarin jy in die donker vasloop, gee jou al die tyd in die wêreld vir die nodige nadenke.

Maar dis nog amper meer sports om met vriend Montie van Niekerk se ou Willy's jeep te gaan springhase jag. Of jáág, om meer korrek te wees. En sports ja, tot op 'n punt. Soos ons een aand op *Oporto* gedoen het.

Montie het natuurlik bestuur, ek het langs hom gesit op die (los) voorste sitplek, en my broer Jopie en my tweelingsussies Christa en Hannelie het agter op die Jeep gesit. Ek was op hoërskool, Hannelie en Christa was nog maar klein - seker vroeg in die laerskool. Jopie het die .22 geweer met 'n teleskoop op, in sy hande gehou.

Maar ons moes vashou, want as die kollig daardie springhaas ogies laat blink, het Montie daardie Willy's behoorlik opgewen. Struik mopanies, klippe en gate moes maar padgee as hulle nie raakgery wou word nie. Maar omdat hulle nie kón nie, het ons, wanneer Montie die springhaas in die lig gewaar, amper meer in die lug gesit as op ons sitplekke. Want Montie het gejáág om elke springhaas voor te keer vóórdat dit 'n gat kon kry om in te verdwyn.

Maar ongelukkig kry ons toe die springhaas gat eerste. Of eintlik twee springhaas gate na mekaar, om presies te wees. En die Willy's steek met so 'n geweld in die tweede gat vas dat almal op die Willy's vorentoe geslinger word. Almal behalwe ek, want toe hulle die tweede gat tref, sit ek al op die grond, maar steeds op die Willy's se sitplek, en kyk hoe hulle die ongeluk maak. Want toe ons die eerste gat tref, het ek met los sitplek en al heeltemal uit die Willy's gewip (sonder dat ek wou) en mooi op die grond te lande gekom terwyl ek nog steeds sit net soos ek in die Willy's gesit het.

Eerste wat ons doen, is om te kyk en te verneem of iemand dalk ernstige beserings opgedoen het. Maar wonder bo wonder het niemand eers 'n kneusplek of 'n skrapie opgedoen nie. Wat eintlik heeltemal onmoontlik is, want die .22 se teleskoop is sommer heeltemal af van die geweer af en Jopie kon sweer dat hy dit teen een van die tweeling se koppe afgestamp het. Maar nie een van die twee het 'n knop of seerplek aan hulle koppe, of enige ander plek nie.

Nou bekyk ons die Willy's, wat toe blyk nie so gelukkig soos ons te gewees het nie. Want die geweld van die skielike totstilstandkoming (sjoe, wat 'n grênd woord!), het veroorsaak dat die een stel bladvere aan die voorpunt by die "shackle" heeltemal omgeslaan het, sodat die vere nou aan die bokant van die "shackle" sit in plaas van onder. Dit maak dat die een voorwiel teen die bakwerk vassteek en ons dus glad nie kan ry nie.

Ons klompie moes maar daardie aand die ver pad in die donker terug loop huis toe. Ver want dit was op die gedeelte van Oporto wat anderkant en suid van die Sandrivier gelê het. En die volgende dag die Willy's terug gesleep het na die opstal op *Oporto*. Daar het ons ure lank gesukkel met domkragte en wat ook al om daardie veer se "shackle" omgeswaai te kry. En ons was vies dat dit wat 'n springhaas gat in 'n sekonde kon regkry, ons soveel ure gevat het om weer reg te kry. As die wiel nie so vasgesteek het teen die bakwerk nie, dink ek ons sou dit sowaar oorweeg het om teen dieselfde spoed in "reverse" in 'n ander springhaas gat in te ry om die proses weer omgekeer te probeer kry!

Oom Jimmy se jinx

Mens moet maar versigtig wees met wat jy sê, selfs al bedoel jy dit as 'n grap, want die oumense het altyd gesê "daar is krag in woorde" en die Bybel praat van "die krag van die tong." Hierdie wysheid is ook baie waar in die jagveld, het ek ongelukkig bietjie laat agtergekom. Want bogenoemde is waar vir as jy negatiewe- óf positiewe woorde kwytraak.

Op my vriend Nic Fourie se plaas *Piet* daar teen Bloukop naby Bokmakierie, staan daar 'n klipkoppie waar ek altyd as ons daar gejag het, opgeklim en die wêreld bietjie bekyk het vir enige wild in die omgewing. Ons noem die koppie "*Oom Jimmy se koppie*", want die vorige eienaar van die plaas, Jimmy Mc Kechnie, se as is daar in 'n klein houtkissie onder 'n groot rots op die koppie ingewig. Daar is ook 'n plaak op 'n ander plat rots op dieselfde koppie vas beton waarop die volgende woorde ingegraveer is:

>IN LOVING MEMORY
>OF DAD
>JIMMY Mc KECHNIE
>17 . 12 . 1930
>26 . 12 . 2004

Nic, wat baie goeie vriende met oom Jimmy was voor sy dood, in die jare toe hulle bure was, het vertel dat sy dogters hierdie plaak en kissie juis op daardie koppie geplaas het omdat oom Jimmy skynbaar baie graag vir ure op daardie koppie gesit het om die stilte van die Bosveld te geniet. En ook seker om af en toe 'n bok vanaf hierdie koppie te skiet.

  Ek het nogal taamlik aanklank gevind met hierdie gewoonte van oom Jimmy - ek kon verstaan hoekom hy juis op daardie koppie gesit het om dalk rus vir sy gemoed te kry, want ek het self baie keer vir lang tye daar gesit en dieselfde vrede ervaar. Baiekeer nogal lang gesprekke met oorlê oom Jimmy gevoer ook. En dié van julle wat nou julle koppe beterweterig skud en agter julle hande vir mekaar fluister dat daar 'n ernstige skroef met my los is en dat ek bepaald half mallerig is, moenie skuldig voel dat julle dit dink en sê nie. Ek weet dit al lankal. Nie dat ek mal is nie, maar dat party mense dalk so mag dink.

  Eenslag toe ons weer op *Piet* jag, kom ek vanaf die oostekant van die plaas by die *Mamba koppie* uit. (Die storie van hoe hierdie koppie sy naam gekry het, met vriend Frikkie se eskapade met die mamba, het ek in my vorige boek, **Die lewe is 'n storie**, vertel.) Bo-op die mamba koppie sit ek eers 'n rukkie met die verkyker en bekyk die veld na alle kante toe. Dan gewaar ek koedoes aan die westekant van *Oom Jimmy se koppie.* Ek besef dadelik dat ek van daar af waarskynlik binne skietafstand van die koedoes sal wees, en dat ek hierdie koppie maklik ongesiens sal kan nader, sonder dat ek eers nodig sal hê om te bekruip.

Ek kies vir my 'n merker boom naby die koedoes, wat ek seker is ek maklik vanaf *Oom Jimmy se koppie* sal herken, en klim van die *Mamba koppie* af. Ek loop tot by *Oom Jimmy se koppie* en klim dit versigtig van die suidoostekant af op. Halfpad teen die koppie op, net verby Oom Jimmy se plaak, loer ek tussen die bossies deur na my merker boom om te kyk of ek dalk al die koedoes kan sien. Ek kan hulle nêrens gewaar nie.

Dan sien ek die groot rooibokram nét hier onderkant my, half tussen die mopanieboom wat aan die voet van die koppie staan, se blare. Dis seker nie baie meer as twintig meter ver nie. Nou ja, Karl Osmers sê altyd: "Vat wat die bos vir jou gee."

Dus lê ek die 375 oor die struik bos voor my se tak en lê aan op die rooibok. Deur die teleskoop kan ek sien dat daar 'n paar mopanie takkies voor die rooibok is, en dan 'n digte bos mopanieblare. Maar die takkies en blare is naby die bok, en ek weet mos die Rhino Solid Shank punte waarmee ek skiet, sal nie skrik vir die ou paar takkies nie. Ek wag totdat die kruishaar doodstil op die rooibok se blad vassuig (of dan waar ek deur die blare redelik presies kan skat waar die blad is) en dan trek ek versigtig die sneller. Op hierdie afstand moet die koeël presies skiet waar ek korrel.

As die skoot donderend afgaan, hardloop die rooibok na my kant toe nét hier onder verby. Dis snaaks, ek sien geen merk aan die bok nie - nog snaakser is dat die rooibok nie reageer het soos enige bok maak met 'n hart-skoot nie. Met 'n hart-skoot lyk dit mos amper asof die bok so effens gaan sit en dan spring dit met 'n boog vorentoe.

Effens bekommerd klim ek van die koppie af en loop na waar die rooibok gestaan het agter die mopanieboom - was daar dalk 'n ander rooibok ook, dat dit die een was wat ek sien verbyhardloop het?

Maar daar is net een spoor - ek volg dit vanwaar dit weggespring het, al onder teen die koppie langs en nog 'n hele ent verder. Daar is nie 'n teken van bloed nie en nêrens op die spoor kan ek 'n plek sien waar die spore effens oopmaak of enige struikel merke nie. Ek weet mens kry nie altyd bloed op die kwes spoor nie, maar die 375 maak nogal 'n groterige gat op 'n rooibok én gaan altyd dwarsdeur die bok (en dus is daar twee groot gate wat bloei), en normaalweg kry ek bloed as ek met die 375 geskiet het.

As ek na 'n lang ent op die spoor oortuig raak dat ek die bok heeltemal mis geskiet het, loop ek weer terug na die mopanieboom. Dit is net heeltemal onmoontlik dat ek op hierdie afstand kon mis skiet! Ek bekyk die takke van naderby, en dan sien ek wat gebeur het. Tussen die digte mopanieblare is daar 'n dikkerige tak wat ek nie deur die teleskoop gesien het nie, dis nie te dik vir die Rhino koeël om deur te gaan nie. Maar hierdie tak het reguit na my toe gewys, en was op 'n stadium afgebreek deur iets of iemand. En ek het reg in hierdie afgebreekte punt ingeskiet en die koeël het al in die lengte van hierdie dik tak langs getrek - dit het nooit by die rooibok uitgekom nie! Wat is die kanse dat so iets kan gebeur?

En dis seker juis oor hierdie onwaarskynlikheid dat ek lieflik in die negatief-praat strik getrap het. Want toe ek by die kamp kom en die storie klaar vertel het, sê ek grappenderwys vir my jagmaats:

"Dis seker omdat ek so digby die plaak was toe ek geskiet het, oom Jimmy het hom seker vererg oor ek dalk nie genoeg respek vir die dode gehad het nie en 'n jinx op my gesit!"

En onwetend, soos ek sê, het ek met hierdie woorde seker 'n "jinx" op myself gesit. Want later die naweek skiet ek onderdeur 'n rooibok - ek het die afstand totaal onderskat op die ou lande waar dit gewei het. En aan die einde van die naweek skiet ek 'n grote koedoekoei, baie naby, ook heeltemal mis. Ek het vir Nic twee keer op die koedoe se spoor gehad, eenkeer saam met sy twee spoorsnyers. En ek het telkens vir Nic gesê:

"Nic, ek het nié hierdie koedoe mis geskiet nie, dit kón doodeenvoudig nie mis wees nie, ek het goeie dooierus gehad en ek het seker gemaak van my skoot."

Maar nadat ons elke koedoe spoor wat daar was baie ver gevolg het, staan Nic bakkie se kant toe. Ek stap nader.

"Jy het hierdie koedoe mis geskiet," sê Nic baie beslis, "ek weet ook nie hoe jy dit reggekry het nie, maar dit was verseker mis."

Natuurlik het ek die 375 skietbaan toe gevat die eerste naweek nadat ek by die huis aangeland het. En natuurlik het dit presies geskiet waar ek gekorrel het. En natuurlik het ek toe self begin glo dat arme oom Jimmy rêrig 'n jinx op my gesit het.

Want die res van die jagseisoen het dit net so sleg met my gegaan met die jagtery. Want alhoewel ek nie weer mis geskiet het nie, (ek het die volgende jag-trips veiligheidshalwe vir "Ou Betroubaar", my 7x57 Musgrave, saamgevat) het ek net omtrent niks raakgeloop om te skiet nie. As ek reg kan onthou, het ek op vier jag-trips daardie jaar, net een enkele rooibokooi doodgekry.

En ek het BJV se trofee gewen tydens die jaareindfunksie. Nou nie een van daardie soort trofeë wat jy met trots kan vertoon nie, nee eerder een van daai's wat jy wegsteek as jou jagmaats kom kuier. Hierdie trofee, wat ons sommer die "Ag siestog trofee" noem, alhoewel die regte naam eintlik "Die Jag-blaps van die Jaar" trofee is, word gewoonlik gegee aan iemand wat 'n foutjie in die jagveld gemaak het. Gewoonlik iemand wat 'n lammetjie geskiet het in plaas van 'n groot bok, of dalk sê maar 'n Njala geskiet het vir 'n bosbok. Op die sertifikaat wat saam met die trofee gaan, word dan gewoonlik 'n foto van die lammetjie of verkeerde bok geplaas. My sertifikaat het 'n foto op gehad van 'n leë vrieskas, met net een pakkie gekoopte I&J visfilette in!

Die volgende jaar het dit effens beter gegaan met die jagtery, maar nog maar power. En toe gaan staan ek nog en pleeg weer 'n ander soort negatief-pratery. Eers oor my oë wat dan nou so swak geword het - wat nie eintlik waar is nie, hulle het eintlik verbeter sodat ek nou vir die eerste keer sedert 1968 nie meer nodig het om 'n bril te dra nie. En dan my ore wat ook nie meer so lekker is nie - dis nader aan waar, my linkeroor is taamlik doof van al die jare se jag (op die skietbaan dra mens mos oor beskermers, maar nie as jy jag nie) terwyl my regteroor weer taamlik goed kan hoor, en die groot verskil tussen die twee ore se gehoorvermoë maak dat ek nie mooi kan plaas waar 'n geluid vandaan kom nie.

En dan het ek ook begin praat oor my slegte geluk in die jagveld.

My groot vriend Wallie van Dyk is 'n baie suksesvolle jagter. Hy is 'n trofee jagter wat so 'n paar jaar gelede die gesogte Musgrave toekenning van die Konfederasie van Jagters verenigings van Suid-Afrika verwerf het vir 'n uitstaande jag loopbaan. Maar, omdat hy 'n slaghuiseienaar is, is hy ook 'n ywerige vleis jagter, met die voordeel (wat seker enige jagter se droom is) dat hy al sy jag onkostes van die belasting kan aftrek as insetkoste vir sy besigheid. So, dis seker duidelik dat Wallie elke jaar gereeld 'n hele klomp bokke skiet.

Toe begin ek mos vir almal wat wou luister vertel hoe gelukkig Wallie altyd is met die jag en hoe ek maar slegte geluk in die jagveld het. Ek illustreer dit ook sommer deur te sê:

"As daar 'n 2000 hektaar plaas is met net één bok op, sal Wallie reguit op daardie een bok afloop, terwyl as daar op dieselfde plaas 'n 1000 bokke is, sal ek tussen hulle almal deurloop sonder om een raak te loop!"

En dan is Wallie nog windgat boonop, want hy sal by die kamp uitloop met sy geweer en dan ewe sê:

"Ek gaan gou 'n koedoe skiet, ek is nou terug."

En sowaar, hy kom met sy koedoe terug!

"Maar is dit rêrig windgat-geit?" wonder ek so drie jaar gelede. Want dit val my ook by dat Danwilh een Saterdagmiddag, terwyl al die ander ouens die Springbokrugby op TV wou kyk eerder as om te gaan jag, ook vir die ouens daar gesê het:

"Kyk julle maar rugby, ek gaan nou gou 'n koedoe skiet."

En, dis presies wat hy gedoen het! Die ouens het nog nie eers klaar rugby gekyk nie toe is Danwilh al terug met sy koedoe. En Danwilh is beslis tog nie 'n windgat soort ou nie.

En toe besef ek skielik: dit het niks met windgat-geit of geluk te doen nie, maar doodeenvoudig dat, wanneer jy positief praat, gebeur daar positiewe dinge met jou. En natuurlik is die omgekeerde ook waar.

En dis net toe dat die helder wete my soos 'n voorhamer tussen die oë slaan: dit was nie oom Jimmy wat die jinx op my gesit het nie, maar ekself! En ek kon myself skop dat ek self en alleen verantwoordelik was om al die ongeluk op myself te haal. Meer as twee jaar se gesukkel in die jagveld en dit net deur my eie onnoselheid!

Gelukkig besef ek toe ook: as ek dan self die jinx op my jagtery gebring het, kan ek dit mos self weer wegkry ook! En dit was van toe af dat ek myself gedwing het om positief te begin praat oor my jagtery. In die begin het dit maar sukkel-sukkel gegaan, want dit het vir myself ook eers geklink of ek nou wil windgat word, maar later het dit al beter gegaan. Maar ook eers na 'n paar onverwagte gevolge van die positief pratery.

Om my te help om positief te praat, het ek byvoorbeeld op 'n jagplaas naby Swartwater so drie jaar gelede, oor en oor vir myself gesê terwyl ek loop en jag: "Daardie waterbok gaan nou lê. Binne die volgende paar minute gaan hy lê."

En jou wrintiewaar, ek kry 'n hele trop waterbokke wat *lê*! Terwyl hulle opspring en weghardloop, dink ek by myself:

"Miskien moet ek eerder meer spesifiek wees en sê: "

Ek gaan nou 'n waterbok skiet!"

Maar ek het gou agtergekom, 'n positiewe gesindheid in die jagveld en positief praat, maak die wêreld se verskil! Ek het nog nooit in my lewe so suksesvol gejag soos die afgelope twee jagseisoene nie.

Die waterbokke op *Lagerdraai* het in die seker omtrent ses of sewe jaar wat ons al daar jag, heeltemal skrifgeleerd geword - ek vermoed party van hulle trek seker nou al by hulle doktorsgrade. Dis alles behalwe maklik om een dood te kry. Verlede jaar, met die Saterdagmiddag se jagsessie, het ek nog nie my waterbok geskiet nie. Toe begin ek met my rympie: "Voor vyfuur vandag gaan ek 'n waterbok skiet, daar is nie eers twee stories daaroor nie - dis 'n feit soos 'n (waterbok-) koei!" En ek hou dit sommer aan sê, oor en oor.

Maar ek sien nie eers 'n teken van 'n waterbok nie. Die skaduwees raak al lank toe ek stadig 'n besonder ruie stuk bos nader teen die effense hoogte wat ons *"Doringbult"* noem. Die son sit al baie laag aan my regterkant, waar daar 'n groot oop vlakte is met net gras op, sonder enige bome.

Die volgende oomblik spring 'n klein troppie waterbokke uit die ruie bos voor my en hardloop windop vir my weg. Ek het hulle nie eers gesien voordat hulle begin hardloop het nie. Ek loop vinnig in die rigting waarheen hulle weggespring het en die volgende oomblik vang my oog 'n beweging aan die oop vlakte se kant op.

En daar, reg voor die ondergaande son, steek 'n waterbokkoei plankdwars voor my vas, seker veertig tree van my af. Nou is die rolle omgekeerd - ek staan in die digte bos waar hulle was, en sy staan in die oopte! Wanneer die kruishaar van die teleskoop mooi op haar blad is, sien ek so 'n glans reg rondom die bok - sy staan perfek tussen my en die son en die glans van die son skyn alkante van haar verby.

Wanneer ek die skoot aftrek, gaan sy amper op haar hurke sit en spring dan weg. Duidelik 'n hart skoot! Sy kom nie baie ver nie, en val sommer naby die paadjie wat deur die grasvlakte loop.

Dan, wanneer ek my selfoon uithaal om vir Kobus te bel om my te kom haal, vang my oog die tyd: Vyf minute voor vyf!

Ja-nee sowaar, oom Jimmy se jinx was uiteindelik gebreek!

Oom Johnnie en die vark - deur Johnnie Rech

Hierdie kostelike storie uit die pen van Johnnie Rech het in die Julie 2010 Impala tydskrif van BJV verskyn. Dit word hier ingevoeg met Johnnie se toestemming - ek plaas dit onveranderd net soos dit in die tydskrif verskyn het. Johnnie be-oog om self ook 'n boek te skryf oor al sy jagstories - ek hoop rêrig dat hierdie storie sal dien as 'n "lusmaker" vir lesers om sy boek aan te skaf sodra dit verskyn.

Dit was lank, lank gelede toe van Riebeeck nog losskakel vir WP gespeel het. Ek, my swaer en sy nefie het gaan koedoes skiet in die Messina-distrik. Nou hierdie nefie was so sestien jaar oud en het pas daardie deel van die mensdom wat hulle meisiekinders noem, ontdek - die hormone het behoorlik agteroor bollemakiesie geslaan.

Ons het mooi vir hom verduidelik dat daar geen meisies naby die jagplek sou wees nie, maar ons sou vir hom 'n bobbejaan wyfie vang, haar 'n mooi rokkie aantrek en sorg dat sy net egte Estee Lauder lipstiffie gebruik. Ons was nie baie populêr in daardie hoek van die bakkie nie, maar 'n mens moet jouself besig hou op so 'n lang pad na die jagvelde.

By die jagplaas het ons kamp opgeslaan langs 'n windpomp wat 'n groot bees-krip voer, omring deur 'n ou klipmuur. Die windpomp het skoon water voorsien vir skottelgoed was en die krip het ons bad geword.

Vroeg die volgende oggend is ons veld toe: my swaer, nefie en 'n gids in een rigting, ek en my gids in die ander. Die koedoes het soos grys geeste voor my oë verdwyn en ek kon geen skoot inkry nie. Mense wat Messina ken, sal weet dit kan lekker warm word al is dit Meimaand. Daardie middag, warm, moeg en dors loop ek terug kamp toe.

Naby die kamp hoor ek die geraas van skottelgoed en 'n beeld van 'n mooi bord kos met 'n yskoue bruin bottel langsaan vorm in my gedagtes. Groot was my verbasing toe ek sien dat 'n trop bobbejane ons kamp aangeval het en besig was om ons kosvoorrade weg te dra. Mens sou sweer dit was Pick 'n Pay op 'n Saterdagmôre! Die groot bobbejaanmannetjie het bo-op die pappot gesit met sy kieste vol lekkernye gestop.

My .375 koeël het hom na die groot sagte boom in die wolke gestuur. 'n Ander het probeer wegkruip agter 'n kondensmelkblik, maar hy het gou geleer dat dit geen beskerming bied vir 'n kwaai .375 koeël nie. Die ander bobbejane het gou besef dat hierdie kosvoorraad effens te duur is en vinnig 'n goedkoper plek gaan soek.

Met net 'n kortbroek aan het ek gaan lê op die kampbedjie en vir my gids gesê om die kosvoorrade weer bymekaar te maak, maar ek het skaars gelê toe die gids vir my sê dat 'n mamba in die kraalmuur skuil. Die gedagte dat ons daardie nag langs dieselfde muur moes slaap het nie gemaklik in my kop gesit nie, en 'n kannetjie petrol is uit die bakkie getap, oor die kraalmuur gegooi en aan die brand gesteek. Die goeie mense by die kerk het vir my gesê dat daar wel slange in die hel is, maar hierdie een kon die hitte net nie vat nie. Twee lang stokke het hom vinnig hel toe gestuur.

Weereens het ek gaan lê, maar daardie dag was rus waarskynlik nie op die agenda nie. Die gids kom fluister dat daar net agter die kamp 'n groot vlakvark beer staan. Nou wie sou nou so 'n geskenk van wors, russians en kabanossie van die hand wys? Ek gryp die geweer en twee patrone en maak die belt met my mes daaraan om my lyf vas. Kaalvoet en sonder hemp bekruip ek die vark. Op 80 tree sien die vark my en staar reguit in my rigting. Met 'n dooierus het die Weaver se kruishaar tussen sy oë vasgesuig en toe die skoot klap, val hy asof tien weerligstrale hom getref het. Met die tweede patroon in die loop stap ek nader, maar toe ek by hom kom, begin hy rondspring soos 'n vis wat jy so pas uit die water gehaal het. Dit is mos nie 'n probleem nie en weer mik ek vir die kop, maar toe die skoot hierdie keer klap, slaan die vark om en al wat ek regkry is om 'n groot gat in die grond te blaas!

Die vark het begin rondsteier op vier bene en nou, sonder patrone, het ek besef dat hierdie vark gaan wegkom! Ek gryp albei agterbene en tel hom op soos 'n kruiwa. Die vark kyk om en redeneer dat die probleem wat hom so kopseer gegee het, hom nou aan die agterbene beet het. Hy draai om en probeer my met sy lang tande te gaffel. Soos hy my kortbroek bekyk, het ek geweet presies waar hy my sou gaffel! Bang dat ek die res van my lewe met 'n fyn stemmetjie sou praat, het ek vasgehou vir al wat ek werd is.

Al in die rondte het ek getol, deur 'n wag-'n-bietjiebos en twee haak-en-steekbosse. Ek besef toe dat as ek nie die hele plaas se dorings in my lyf wil hê nie, moet ek nou iets dringend uitrig. Ek los toe die een been van die vark en pluk my mes uit en buig vooroor om die vark agter die blad te steek, maar al wat ek kon regkry was om die dier net meer energie te gee en nou begin hy probeer om my hand af te byt. Dit was nou tyd om versterkings in te roep!

Ek skreeu vir die gids om 'n stomp of 'n klip te bring en die vark daarmee voor die kop te slaan. Hy kom daar aan met 'n groot ronde klip en laat waai vir die vark se kop, maar die vark was 'n bobaas krieketspeler, want hy het gekoets soos Jacques

Kallis vir 'n opslagbal van Brent Lee en ek skreeu vir die gids om dit op te tel en weer te boul.

"Hau, die vark sal my byt!"

Met 'n lang dun stok skraap hy die klip onder die vark uit en met die tweede probeerslag tref hy die "paaltjies". Gou-gou en flou-flou sny ek die vark keelaf.

Vol bloed en dorings stap ek terug kamp toe en toe ek daar kom stap my swaer en nefie die kamp binne. Hulle wou toe weet of ek die luiperd wat my so beetgekry het, doodgeskiet het. Ek verduidelik toe dat, terwyl hulle onder 'n boom gelê het, het ek die kamp verdedig teen 'n trop aanvallende bobbejane, 'n vuurspuwende mamba en 'n vark wat vir Asterix en Obelix 'n pak slae sou gegee het. Daardie dag het ek uitgevind dat KWV 'n goeie verdowingsmiddel maak, veral as jy 'n goeie paar slukke sommer so uit die bottel vat. Vir nefie het ek gesê ek is jammer dat sy nuwe skoonpa dood lê langs die pappot.

Weer op my rug op die kampbedjie, begin my swaer om die dorings uit te haal met 'n naald, 'n langbektangetjie en 'n skeermeslem, nie die twee- en drielemgoed van vandag nie, maar 'n egte Minora! Daar was geen ontsmettingsmiddel in die kamp nie en ek kan jou waarborg dat brandewyn op die tong baie beter voel as in honderde klein wonde.

Die volgende oggend, geplak met Messina Apteek se hele voorraad Band-Aid, is ek seer-seer die veld in. Ek moes maar suutjies en stadig loop en dit was seker dié dat ek skielik op die ou groot koedoebul afkom. Die .375 het sy kant gebring en voor my het die jaar se biltong voorraad gelê. Sondagmôre vroeg is ons terug na die Vrystaat.

My swaer se twee seuns was op daardie stadium drie en vier jaar oud. My swaer is 'n goeie pa en elke aand het hy vir die seuns 'n storie vertel voor slaaptyd. Skielik het Rooikappie, Wolf en die drie varkies van die ranglys geval en elke aand het die seuns gevra:

"Vertel ons weer van oom Johnnie en die vark!"

'n Swak skoot

In een van my vorige boeke (***Op soek na nog óú kampvure***) het ek die storie geskryf van "My beste skoot ooit". Net om darem regverdig te wees, moet ek dan seker skryf oor my swakste skoot ook. Of: by nabetragting moet ek eintlik sê - nié my swakste skoot *ooit* nie. Daarom dat ek die titel van hierdie storie verander het vanaf "My swakste skoot" (soos ek dit eers gehad het) na dit wat dit nou is. Want, soos elke jagter weet, is enige skoot wat jy heeltemal mis skiet, nogtans 'n honderd maal beter as 'n kwesskoot.

Maar moenie 'n fout maak nie, 'n misskoot bly maar nog steeds 'n vernedering, veral die soort misskoot wat ek geskiet het. En ook veral as jy darem al baie jare gejag het, soos ek. En veral nog boonop as die ander ouens wat by is, voorheen gedog het jy is 'n ou wat nogal kán raak skiet. Maar noudat ek ouer is, is dit al of dit nie meer so erg saak maak nie, sodat my jagvrinne dit seker nou maar mag weet.

So vier of vyf jaar gelede koop my broer Jopie se skoonseun, Louis Joubert, vir hom ook 'n 7x57 Musgrave, die model met die K98 slotaksie. Hy het vóór die tyd heelwat by my kom uitvind of ek tevrede is met die kaliber en die Musgrave maak, wat se grein patrone ek mee skiet, wat se wild ek al daarmee gejag het en so meer. Alles wat hy gevoel het hy moet weet voordat hy ook so 'n kaliber aanskaf.

Maar iewers het daar fout gegaan met die vuurwapenlisensie, soveel so dat hy etlike maande moes wag voordat hy uiteindelik sy geweer lisensie en die geweer kon gaan haal. En natuurlik, teen daardie tyd het sy lus om die geweer te gebruik, omtrent al by sy ore uitgeloop. Toe hy die geweer kry, moes dit opsluit ge-"bloed" word, maar soos in onmiddellik - hy wou nou nie 'n dag meer langer wag nie.

Omdat dit buite die jagseisoen was en omdat Louis net vir een weeksdag wou gaan jag, bel ek my groot vriend André le Grange. Hy en my ander vriend en kleinneef Hansie Botha huur op langtermyn, saam met nog 'n vennoot, die plaas wat hulle *Inkonka* noem. "Inkonka" beteken mos bosbok in verskeie inheemse dialekte, en is nogal 'n gepaste naam vir hierdie ruie stuk bos, geleë in 'n pragtige kloof tussen twee hoë berge. Want *ruig* beteken bosbok habitat, maar ook koedoe, Njala, bosvark en ander digte bos bewoners se habitat.

Maar daar is ook rooibokke, blouwildebeeste, waterbokke en ander wild en vlakvarke op die plaas - wat in die paar operige kolle soos die ou lande op die plaas te vinde is. Ook is daar op die noordoostelike gedeelte van die plaas 'n stuk waar daar mango boorde is, wat skoongehou word en wat dit 'n meer oop en dus meer geskikte habitat vir die ander diere, wat nie van digte bosse hou nie, maak. Die gras op hierdie gedeeltes is voorkeur weiding vir die blouwildebeeste en rooibokke.

Wat die plaas ideaal maak vir Louis se doel, is dat dit eerstens redelik naby Tzaneen is (dit is maar 50 kilometer vanaf Louis se huis, so 20 kilometer suidwes van Mooketsi) en ook dat die plaas 'n Vrystellings permit van Natuurbewaring het, wat dit wettig maak om buite die jagseisoen daar te jag. Gelukkig is daar nie ander jagters of gaste op die plaas nie, so ons reël met André om die volgende dag daar te gaan jag. Louis wil net 'n rooibokram en miskien 'n vlakvark skiet. Alhoewel ek nie juis gaan jag nie, vat ek my 375 H&H saam net vir ingeval - mens weet mos nooit of 'n rooibok dalk net wil besluit om homself oor te gee nie. Sê maar so 'n knypkop rammetjie, want die ooie is mos nou almal dragtig, en ek jag mos net vir vleis - lekker sagte vleis.

Die volgende oggend vroeg stop ek by Louis se huis aan die voet van die berg, net voor die De Hoek saagmeule waar hy werk. Ons ry van daar af met my Mahindra bakkie deur Magoebaskloof en oor die berg by Houtboschdorp verby na die plaas. My seun Gerhard is ook saam. Sommer nog baie vroeg kom ons op *Inkonka* aan en kry die jong man wat vir André-hulle die plaas oppas, by die een opstal op die plaas.

Omdat die plaas so ontsettend ruig is en ons net een dag tyd het, besluit die jong man dat ons maar met die bakkie moet ry totdat ons rooibokke gewaar, waarna Louis en die gids dan sal afklim en die bokke bekruip. So maak ons toe ook.

Ons ry met die pad terug na die ingangshek toe, waar die mango boorde is. Ek, Louis en Gerhard sit agterop. My 375 lê in die geweerrak agter op die bakkie, Louis het sy geweer in sy hande. By die ingangshek draai ons links en ry teen die grensdraad op aan die kant van die mango boord. Amper dadelik kry ons blouwildebeeste in die boord, wat ons 'n rukkie staan en bekyk, en toe verder ry. Dan gewaar ek rooibokke, ver voor in die paadjie, net waar dit teen die ruie bos teen die berghang doodloop. Hulle beweeg in die bos in. Ons ry nader.

By die hang, waar ek gedog het dat die paadjie doodloop, draai dit na links in die plaas in. Die jong man ry so 'n entjie links in die paadjie in, en hou dan stil. Louis en die gids klim af en loop stadig in die bos in. Na 'n rukkie klim ek ook af en staan aan die passasierskant van die bakkie deur die venster met die jong man en gesels. Gerhard bly agter op die bakkie sit.

Nadat ons 'n hele rukkie so gesels het, sê die jongman skielik:

"Ek hoor hulle!"

"Maar dan is hulle darem gou terug," sê ek, "ek wonder of die rooibokke dan vir hulle weggehardloop het?"

"Nee," sê die jongman in 'n fluisterstem, "nie vir Louis-hulle nie, ek hoor die rooibokke. Hulle is baie naby."

"Pa," sê Gerhard hier van agter op die bakkie af in 'n redelik harde fluisterstem, "hier staan 'n rooibok!"

"Waar?" fluister ek terug, en loop na die agterkant van die bakkie.

"Net hier by ons!" sê Gerhard, "kyk, hier staan hy!" en hy wys met die hand.

En jou wrintiewaar, hier staan 'n rooibokrammetjie seker twaalf tree van die bakkie af en kyk reguit vir ons. 'n Knyp koppie, en dit lyk mos sowaar of hy hom kom oorgee het, net soos ek in die begin gewens het.

"Gee aan my geweer," fluister ek vir Gerhard, terwyl ek sommer weet dit sal nie help nie - die rooibok is net té naby, hy gaan seker nóú hardloop.

Klang!! sê my 375 toe Gerhard dit met bewende hande uit die geweerrak lig en teen die yster stamp. Maar kan jy glo, daardie rooibok staan nog steeds! Terwyl ek so saggies moontlik 'n patroon in die loop probeer stoot, kom ek agter Gerhard se hande is nie die enigste wat bewe nie, myne is darem self ook nie doodstil nie.

Ek staan nou reg agter die bakkie, die rooibok staan sowaar nog! En alhoewel ek seker is dat dit nou enige oomblik gaan hardloop, bring ek tog die geweer stadig in my skouer en kry die kruishaar op die rooibok se bors, in die kuiltjie. Maar dis al of daar iets fout is met die kruishaar, dit wil nie so stil lê as gewoonlik nie, so soos ek dit uit die vuis uit probeer stil hou. Maar omdat ek weet dat hierdie rooibok nóú gaan hardloop, skiet ek maar.

As die skoot bulderend afgaan, lê daar nie 'n dooie rooibok op die grond nie - net een wat vreeslik weghardloop. Maar nou nie kruppel-kruppel weghardloop soos wat 'n rooibok met 300 grein Rhino lood deur hom veronderstel is om te hardloop nie. Nie, eerder 'n gesonderige soort van weghardloop, soos 'n bok wat groot geskrik het, maar nie 'n baie seer soort van skrik nie.

Terwyl ek daar waar die rooibok gestaan het probeer bloed soek, kom Louis en die gids ook 'n ent voor die bakkie in die paadjie uit en stap na ons toe.

"Wat het Oom geskiet?" vra Louis, "dit het nie geklink of die skoot geklap het nie."

"'n Knypkop rooibok," sê ek, "miskien was dit te naby vir die skoot om te klap op die bok - dit was net iets oor tien tree ver. Dit kon tog nie mis wees nie, nie op so 'n naby afstand nie," sê ek terwyl ek nie so oortuig is in my binneste dat dit wél raak was nie. Maar ek móét darem ten minste probéér om die skoot reg te praat!

Nou vat ek en die gids die spoor van die rooibok. Maar hoe verder ons loop, hoe meer raak ek oortuig van die vernederende waarheid: ek het 'n rooibok op twaalf tree mis geskiet! Dit kan mos nie wees nie! Maar dit was toe.

Ons loop naderhand terug bakkie toe. Louis het intussen die merk gekry waar die koeël in 'n boomstam in is. Ek staan met die 375 in my voetspore waarvandaan ek geskiet het, die gids gaan staan op die rooibok se spore, en Louis wys met sy vinger na die koeëlgat in die boom. Nou korrel ek deur die teleskoop na die koeëlgat by Louis se vinger om die lyn wat ek geskiet het, vas te stel: ek het sowaar nét links van die rooibok verbygeskiet! Net sy pelshare geskroei met die koeël, kom ons agter toe die gids 'n paar haartjies langs die spoor optel.

Uit die aard van die saak het ek vir baie jare maar stilgebly oor hierdie skoot, en Louis is ook nie 'n ou wat uitpraat nie. Want per slot van sake was die jag mos 'n sukses: Louis het 'n mooi rooibok en 'n vlakvark geskiet, so sy nuwe roer was goed gebloed! En dit was mos heeltemal onnodig om iets oor my swak skoot te sê as Louis reggekry het wat hy gegaan het om te doen, sý skote was mos al twee raak.

En ek was rêrigwaar nie lus om wéér die Jagtersvereniging se "Jag-blaps van die Jaar" trofee te wen nie!

Water is gevaarlik

Ek swem nie sommer graag meer nie - nie in die see nie, ook nie in 'n rivier of 'n dam nie. Dalk as dit hond-warm is gou induik in 'n swembad en weer uit, ja, dit sal ek miskien nog doen. Anders as in my jong jare, toe ek in al wat 'n dam en rivier is, geswem het. Sommer party slae tussen die seekoeie en krokodille ook nog - as mens jonk is jy mos gewoonlik domastrant, eintlik sommer plein onnosel.

Dis ook nou nie dat ek iets teen water het nie, nee, dis eintlik net dat ek uiteindelik agtergekom het dat water meer spesifiek iets teen mý het. En ek praat nou nie van die seekoeie, krokodille en haaie *in* die water nie. Want oordeel tog maar self: toe ek in matriek was, het die Letaba rivier my amper doodgemaak, toe ek student was, was dit die Blyderivier en (twee keer) die Umgenirivier. Nadat ek al getroud was het die Olifantsrivier amper vir my, my twee broers en twee swaers versuip, en 'n paar jaar later het die see by Glentana my ampertjies vermoor.

Dis nie dat ek bang geraak het vir water nie, ek drink byvoorbeeld maklik nog water saam met my Ierse whisky - sonder om enigsins paniekerig te word daaroor. Dis maar net dat dit nou, met die wysheid wat die grysheid bring, vir my heel logies is om die realiteit met verstandigheid te aanvaar en maar liefs weg te bly van water af. Miskien soos Hannes JB wat gesê het dat hy 'n "*Gentleman's agreement*" met die haaie aangegaan het: Hy wat Hannes is sal uit die see uit bly dan moet die haaie op hulle beurt uit die kroeg uit bly. Dis mos 'n wen-wen situasie.

Maar in die tyd van hierdie storie, toe ek as student een keer vakansiewerk gaan doen het tydens die konstruksie van die Albert Falls dam, geleë so 24 km noord van Pietermaritzburg, het ek natuurlik nog nie oor die wysheid beskik om hierdie realiteit uit te pluis nie. Trouens, die ondervindings in die Umgenirivier wat hierdie dam voed, was juis een (of eintlik twee) van die faktore wat my jare later laat besef het dat water rêrig iets teen my het, en dat ek maar liewer uit riviere en die see moet bly.

As ek reg kan onthou, was ek en Johan die enigste twee studente wat daardie 1973 Desembervakansie daar gewerk het. Ons het daar saam met die Assistent Ingenieur, Peter Pyke, wat net 'n paar jaar ouer as ons was, gewerk. Peter was, soos ons, nog jonk genoeg om nie te skrik vir enige avontuur nie.

Een Vrydagmiddag kom hy na ons toe en vra so uit die bloute: "Is julle manne nie lus om môreoggend saam met my met binnebande in die Umgenirivier af te gaan nie?"

"Is die Umgeni nie nou gevaarlik omdat dit in vloed is nie?" vra ek. Dit het baie gereën die afgelope paar dae en ons weet dat die rivier taamlik sterk afgekom het.

"Nee wat," antwoord Peter, "die watervlak is wel veel hoër, maar daar is nie meer stompe en sulke goed wat afspoel om dit gevaarlik te maak nie."

"Het jy vir ons almal binnebande?" vra Johan.

"Ja, ek het 'n vragmotor binneband vir myself en dan het ek een baie groot binneband wat van een van die damskroppe afkom. Dit sal groot genoeg wees dat julle twee saam daarop kan vaar. Ons kan more met my bakkie en een van julle se karre ry tot op die punt stroom-af waar ons wil uitklim, en julle kar daar los. Dan ry ons met my bakkie tot by ons beginpunt. Ons sal seker so 10km kan vaar," sê Peter, "en o ja, ons kom môreoggend sewe uur by my huis bymekaar."

Die volgende oggend agtuur is ons al op die water. My en Johan se binneband is groot genoeg dat ons al twee gerieflik daarop pas. Peter is 'n entjie voor ons op sy binneband.

Dis heerlik om so rustig op die water af te dryf. Dis 'n pragtige dag en ons geniet die natuurskoon op die oewers van die rivier. Op nouer gedeeltes van die rivier gaan dit vinniger, in die breë kuile moet ons maar roei met ons hande - daar gaan dit vir ons te stadig. Ons maak ook beurte om op hierdie gedeeltes agter die binneband te swem en met ons voete te skop.

Dan kom ons by 'n lang draai na links in die rivier. Ons voel hoe ons begin vinniger gaan en voor ons is daar twee rots "neuse" weerskante van die stroom, waar die rivier baie nouer is. Omtrent 50 meter anderkant hierdie rots neuse, maak die rivier weer 'n draai na regs. Ons kan sommer sien dat Peter se binneband merkbaar versnel, reguit op hierdie nou opening af. Maar ons sien niks van die kenmerkende wit water wat gewoonlik 'n stroomversnelling aandui nie.

Dan, presies tussen die twee rots neuse, sien ons met 'n effense ontsteltenis hoe Peter deur iets omgedop word met binneband en al. Dan is hy weg onder die water en ons sien net die binneband alleen dryf! Gelukkig, net voor ons self in die "spoed geut" voor die neuse ingaan, sien ons sy hand van onder die water uitkom en hy gryp die binneband raak.

Maar nou het ons nie meer tyd om aan hom aandag te gee nie. Die water "suig" ons amper met 'n verskriklike spoed tussen die twee neuse in.

En toe gebeur dit. Reg tussen die twee neuse tref ons binneband 'n uitstaande rots, onsigbaar maar nét onder die watervlak. Ons binneband slaan gat-oor-kop en ek en Johan word in die water ingeslinger. Die water suig my onmiddellik diep ondertoe - ek voel hoe ek met my skouer en kop teen Johan se kaal voet skuur - op daardie plek is ek onder sy voete deur.

En dan word ek getol.

Dit voel kompleet of ek in 'n outomatiese wasmasjien rondgedraai word, maar teen vyf keer die normale spoed. En dan trek hierdie wasmasjien nog afdraand ook teen 'n vreeslike spoed - as jy jou so iets kan indink: 'n wasmasjien wat in 'n 45 grade helling afdraande teerstraat afhardloop terwyl dit al die pad nog spin ook.

Wonderbaarlik genoeg is ek heel kalm - en ook maar goed, want ek het geen benul waar bo of onder is nie of hoe diep ek onder die water is nie. Maar ek besluit ek moet my maar net slap hou en my asem ophou totdat die rivier my nou eendag self uitspoeg. Gelukkig het ek van kleins af altyd meer onderwater geswem, eerder as bo-op die water soos my maats. En ek het geweet ek kon my asem taamlik lank ophou - ek kon op skool 'n Olimpiese standaard swembad onderwater deurswem in die lengte en nog 'n ent terug ook.

Maar my asem sou seker nie 'n sekonde langer kon gehou het teen die tyd dat die rivier my, tot my groot verligting, weer op die oppervlak uitspoeg nie. Toe ek opkyk, sien ek dat ek al amper verby die onderste draai in die rivier is. Ek sien vir Johan nêrens nie, net 'n vreemde jong outjie wat by 'n kano staan - op die draai. Ek swem tot by die oewer en klim uit. Dan sien ek Johan ook nét uitgekruip kom uit die water naby die vreemde ou.

Ek stap nader.

"Ek het gedog julle is al twee dood," val die ou weg, sonder om te groet, terwyl hy vir Johan ophelp uit die water uit.

"Veral jy," sê hy terwyl hy na my kyk, "ek het jou sien verdwyn na julle omgedop het en jy het net nie weer opgekom nie! Jy moes seker 'n goeie 50 meter ver onder die water gewees het. Vir hom," en hy kyk weer vir Johan, "het ek darem twee keer sien opkom."

Ek kyk vir Johan, hy lyk maar sleg. Hy lyk omtrent asof hy deur 'n vleismeul is - sy gesig lyk gehawend en hy lyk totaal uitgeput, en daar is 'n gapende, bloeiende wond aan sy maermerrie.

"Is jy OK?" vra ek hom.

"Ja, net tot die dood toe moeg, en dan is hierdie gat aan my been maar blerrie seer," sê Johan, "en jy, het jy nie wonde of iets nie?" Ek sien hy staar na my kop, veral my voorkop, asof hy iets soek, en ek voel met my hand of ek nie 'n wond daar kan voel nie.

"Sien jy iets op my kop," vra ek hom, "dat jy so vir my kyk?"

"Nee," sê hy, "en dis juis hoekom ek so kyk, want ek kan net nie verstaan dat jou kop nie ook 'n vreeslike wond op het nie. Want net daar waar ek my been so stukkend gestamp het, is jou kop onder my voete deur. Ek het jou gevoel. Hoe jou kop dan nie ook daar stukkend gestamp is nie, kan ek net nie verstaan nie."

Sjoe, as ek so 'n wond op my kop gekry het, sou ek verseker nie hier gestaan het nie! Ek sou waarskynlik bewusteloos gestamp gewees het en terstond verdrink het.

Nou stel ons onsself eers voor aan die vreemde outjie en bekyk sy kano. Daar is 'n yslike gat voor in die punt gestamp. Hy sien ons kyk daarna.

"Ja, ek het dieselfde klip getref as julle, ek was net gelukkig om nie onder die water in gesuig te word nie. Maar my kano is moer-toe."

Nou eers val dit ons by van Peter, wat sou van hom geword het?

"Het jy nie gesien wat van ons vriend, wat voor ons was ook met 'n binneband, geword het nie?" vra ek.

"Ja, hy het darem bietjie beter gevaar as julle, hy het met die eerste opkom slag gelukkig sy binneband raakgegryp. Maar hy is ook 'n klomp keer in die rondte geslaan deur die water, en is hier verby ondertoe. Maar hy het heeltemal gedaan gelyk, ek vermoed hy sou stroomaf ook uitgeklim het. Ek is seker as julle stroomaf stap, sal julle hom kry."

Ons bedank die outjie en begin stroomaf loop, dis nog bitter ver na ons kar toe waarheen ons nou sal moet loop, en Johan se been is duidelik te seer om so ver te kan loop. Gelukkig kry ons vir Peter nie baie ver stroom-af nie, waar hy op die wal sit en rus. Hy lyk pootuit.

Nadat ons sy weergawe uitgehoor het, het ek en hy na my kar toe geloop terwyl Johan net daar gewag het. Ons het die kar gaan haal en Johan opgelaai en toe Peter se bakkie gaan haal. En toe met Johan kliniek toe gery, waar hy 'n hele paar steke gekry het. En ons het ons almal net daar voorgeneem: "Nooit weer met 'n binneband in die Umgeni af nie!"

Hierdie voorneme het darem amper 'n week lank gehou. Want Donderdag sê Johan onverwags:

"Jy weet, ons kan wragtig nie dat hierdie Umgeni ons wen nie, ons sal hom net weer 'n slag móét aandurf, wat sê jy?"

Ek kyk hom aan: "Net wat ek ook al die hele dag loop en dink!"

Ons is dadelik na Waterwese se werkswinkel toe en, na 'n bietjie gesoek, het ons twee vragmotor binnebande opgespoor.

"Saterdag vat ek en jy hom, elkeen op ons eie binneband," sê Johan. Ons weet dat Peter hierdie naweek weggaan, so dit sal net ons twee wees.

"Maar ons moet baie versigtig wees, ons sal daardie plek mos van ver af herken, dan klim ons uit en loop óm die plek op die oewer, en sit dan net stroomaf weer ons binnebande in die water en vaar van daar af verder."

Die volgende Saterdagoggend is ons weer op die water. As ons so kyk na die oewer, lyk dit amper asof die water so tussen 'n half meter en 'n meter gesak het sedert verlede Saterdag.

So vaar ons rustig af met die rivier, maar let darem op of ons nie al die gevaarlike plek voor ons kan eien nie. Maar mens raak mos maar later mak en gerus, sodat ons die plek eers raaksien toe dit te laat is. Of dan te laat vir Johan, wat 'n ent voor my dryf. As ek seker is dit ís die plek, skreeu ek uit volle bors vir Johan, want hy is amper by die punt waar omdraai vir hom onmoontlik gaan wees.

"Johan," skreeu ek, "dis die plek!!"

Hy draai half om en kyk vir my, maar die rivier raas lyk my te veel sodat hy nie kan hoor wat ek skreeu nie.

"Johan," skreeu ek weer so hard ek kan, "dis die plek!!!!"

Dit lyk of hy nou hoor, maar dis reeds te laat, want die water het hom klaar gegryp en stuur hom meedoënloos na die opening tussen die twee neuse. Daar is nie 'n manier dat hy nou die oewer sal haal nie.

Ek kyk verlangend na die oewer voor my, waarheen ek gestuur het toe ek besef het dis die gevaarlike plek. Ek kan maklik uitkom, maar dan is Johan alleen in daardie gevaarlike geut in. Dus stuur ek maar, teen my beterwete, my binneband terug stroom toe - reguit na die rots neuse toe. Johan is reeds in die stuk stroom waar jy half aangesuig word rotse toe met 'n vreeslike spoed.

Dan, wanneer ek ook die versnelling ingaan, sien ek 'n snaakse ding: voor, presies tussen die twee neuse, sit Johan hoog en droog op die rotspunt wat ons laas amper laat verdrink het. Die watervlak moes nou net só gesak het dat die rotspunt 'n entjie bokant die watervlak uitsteek, en dit het vir Johan netjies gevang! Hy kan nie beweeg nie, en links en regs van hom gaan twee siedende strome verby.

Intussen het my binneband natuurlik nie stilgestaan nie, en ek is besig om teen 'n vreeslike spoed reguit op Johan aangestuur te word - en daar is niks wat ek daaraan kan doen nie!

So tref ek vir Johan met spoed en stamp hom mooi netjies van die rots af! En daar is ons al twee weereens van ons binnebande af onder die water in. Maar, uit desperaatheid om nie weer soos laas oor te kom nie, gryp ek na die binneband en gryp dit, genadiglik, met die tweede vat-slag raak. Maar in daardie gedeelte tot onder op die draai, het die water my binneband ten minste ses keer omge"flip" sodat ek telkens my greep moes verander. En my kop was meer onder water as bo, want ek is telkens saam geflip. Maar wie houvas, is ek! Ek was gedetermineerd dat ek nie weer soos laas onder die water getol moes word nie.

Ek word weer onder op die draai uitgespoel. Johan ook, maar sonder sy binneband. Maar darem genadiglik sonder wonde ook - hy het net taamlik water gesluk.

Ons sit woordeloos vir mekaar en kyk.

Dan sê Johan: "Nee jong, mens moet weet wanneer jy verloor het en dit aanvaar. Hierdie Umgeni het ons nou *fêrplie* 2 nul gewen!"

Die jagter en die bos

Nie een van die boeke wat ek al geskryf het, is geskryf om as raad of riglyn vir jagters te dien nie. Miskien moet die jongmanne juis nié party van die goed doen wat ek al aangevang het in my lewe nie! Maar nou het dit so gebeur dat ek by party jong jagters wat my boeke gelees het, terugvoer gekry het dat hulle baie uit my boeke geleer het. So miskien is dit dalk tyd dat ek bietjie terugploeg in jong jagters, en iets skryf wat dalk vir hulle van waarde kan wees.

Maar nou is die probleem net dat ek myself nie rêrig beskou as so 'n danige goeie jagter nie - trouens, partykeer sukkel ek so om iets in die hande te kry in die bos dat ek lus is om weer die Junior jagters kursus van die Jagtersvereniging te gaan doen! Maar dis miskien die eerste "les" wat ek vir onervare jagters kan leer: Onthou net - jag hou jou nederig, en solank jy nederig bly en nie dink dat jy te goed is om by ander jagters te leer nie, kan jy net met die tyd 'n beter jagter raak.

Vandat ek as klein laaitie op sewe- of agtjarige ouderdom begin jag het, was my jagveld altyd in die bos gewees. Eers voëltjie jag met die kettie en later die windbuks in die digte natuurlike bos op *Doornhoek*, en later tarentale en fisante in dieselfde bos en ruie vleie. Toe ek bietjie ouer word, en ek groter goed begin jag het, was dit nog steeds bos, maar toe die Mopani- en rooibos bosveld agter die berg en ook in die noorde van Suidwes se soortgelyke bos en doringveld. En alhoewel ek later in 'n verskeidenheid van ander soorte habitatte gejag het, bly die regte soort van jag nou maar eenmaal vir my wanneer ek in die bos kan jag.

Dis nie dat die ander soorte van jag nie vir my ook lekker is nie, dis net dat dit soms voel of dit meer skiet is as jag. Of, laat ek dit liewers anders stel - op plekke soos die suide van Suidwes, die Kalahari, in die rietbok habitat van Natal se middellande, die Oos- en Noordkaap en Karoo en al die plekke waar jy die wild van ver af kan sien, is die hoof-vaardigheid waaroor jy moet beskik, om goed te kan skiet op ver afstande. In die bos is die beste kwaliteit wat jy kan hê om suksesvol te wees, dat jy goed moet kan jag. En dis waar die verskil vir my lê.

Ek wil ook nie beweer dat dit nie jag is wat mens op hierdie ver-sien plekke doen nie, nee, dis net 'n ander manier van jag - amper soos 'n generaal in die Weermag wat op 'n koppie sit en kyk na die beplande gevegsterrein en dan 'n strategie moet bedink hoe om die vyand te uitoorlê. Amper net so moet jy jou jag beplan en bedink hoe jy naby genoeg kan kom om binne skietafstand van die wild af te kom. En dan is miskien net die laaste gedeelte van jou jag partykeer die bekruip ensovoorts soos ons dit in die Bosveld doen. Maar as jy die wild die eerste keer gewaar, is dit gewoonlik nie nodig om saggies te probeer loop of (daar waar jy begin jag) so op te let na die wind nie.

Maar in die bos word die jag deur 'n hele klomp ander faktore bepaal. As jy dáár begin jag, kan mens dit amper beskryf dat jy moet "regop loop en bekruip". Want jy het geen idee presies waar in die stuk bos voor jou die dier wat jy wil jag, sal wees nie. Dit kan vyf tree of 500 tree voor jou of langs jou wees, of daar kan glad nie 'n bok in daardie stuk bos wees nie of jy kan teenaan dit verbyloop sonder om dit te sien. Maar omdat jy nie weet nie, moet jy elke tree, vanaf die oomblik dat jy begin jag, paraat en wakker wees. Soos my vriend Karl Osmers altyd sê:

"Jou jag begin die oomblik wat jy uit die bakkie klim, en dit hou aan totdat jy weer in 'n voertuig klim of by die kamp aankom - jy moet die hele tyd *ernstig* jag."

Om hierdie rede probeer mens om, as jy dit kan verhelp, nie in die oopte te loop nie. Mens probeer maar van boom tot boom loop, altyd sodanig dat jy die lyne van jou liggaam opbreek teen een of ander plantegroei as agtergrond. En jy jag stadig - staan elke paar tree stil om te luister en te kyk. Laat jou jagmaats jou maar spot dat jy te stadig jag, soos hulle altyd met my doen, soos die klassieke sêding wat Neels Osmers eendag vir my gesê het, bewys:

"Jy jag mos so stadig dat die blouwildebeeste jou van agter af in wei!"

Dit nadat ek vir hulle vertel het hoedat die blouwildebeeste van skuins agter my af gekom het in die bos en baie naby aan my verbygegaan het (ek het gaan sit toe ek hulle gewaar).

En omdat jy nie die wild altyd so maklik gewaar nie, moet jy maar voortdurend oplet na tekens: vars spore op die grond, tekens van beweging deur lang gras, of vars mis of vars afgekoude blare wat op die grond lê. En kyk ook na die tipe veld - sekere bokke kan altyd op sekere tipe veld verwag word. Vra die plaaseienaar waar sekere wild wei (watter tipe bos of gras hulle hierdie tyd van die jaar benut) en waar hulle drink - iewers tussen hierdie twee plekke sal jy jou wild raakloop.

Dan, anders as op die ver-sien jagplekke, moet jy in die bos met jou oë, jou ore, jou neus en jou verstand jag. En met daardie geheime ekstra sintuig wat mens oor die jare in die bos ontwikkel - daardie *iets* wat jou partykeer net laat voel: nou moet ek stadig, daar gaan *nou* iets voor my beweeg en ek moet reg wees daarvoor.

Wild sal jou altyd met een of meer van hulle sintuie gewaar: sig, gehoor of reuk. As hulle jou met net een van die drie sintuie gewaar, sal hulle nie altyd sommer weghardloop nie, tensy dit natuurlik baie naby is. Dan sal hulle miskien eers staan en met een van die ander sintuie probeer vasstel of daar werklik gevaar is. Behalwe as hulle jou reuk kry, wanneer hulle gewoonlik nie wag vir 'n ander sintuig om te bevestig nie - nee, dan hardloop hulle normaalweg sommer dadelik.

Gelukkig is reuk gewoonlik die maklikste ding wat die jagter kan beheer, behalwe natuurlik as die wind voortdurend van rigting verander. Maar normaalweg jag mens mos maar windop, dan kan jy darem een van die drie sintuie van jou prooi elimineer. Henk Osmers het my geleer dat, as jy koedoe jag, dit beter is om dwars oor die windjie te jag. Want daardie ou groot en skelm koedoebul wat jy so graag wil verras in die bos, staan dikwels met sy rug na die kant waarvandaan die wind kom, terwyl hy voortdurend kyk in die rigting waar hy niks kan ruik wat aankom nie - juis de rigting van waar af jy hom sal nader as jy windop jag!

Die tweede ding wat mens probeer doen, is om altyd so sag as moontlik deur die bos te probeer beweeg. Ek en my jagmaat Danwilh het lank gesoek om weer, soos mens vroeër jare gekry het, skoene met sagte sponsrubber sole te kry. Ons het uiteindelik elkeen so 'n paar skoene opgespoor, en dit maak die wêreld se verskil in die bos. Mens kan rêrig baie sag loop daarmee. As jy koedoe jag in die digte mopanies, is daar eintlik maar net één manier: kaalvoet en katvoet. Want jy loop nie sommer maklik sag genoeg met skoene dat 'n koedoebul jou nie kan hoor nie.

Die derde en moeilikste ding om in die jagveld te beheer, is sig. En dis waar daar baie slim mense met lang hare en dik brille gaan sit en dink het oor maniere om hierdie probleem op te los. En om sommer sakke vol geld ook te maak in die proses. Want toe het die hele kamoefleerdrag bedryf op die been gekom. (Op daardie stadium was kamoefleerdrag net deur die Weermag gebruik) Allerhande soort kleure en patrone kamoefleerdrag kan jy vandag op winkelrakke te koop kry, en dis nie goedkoop nie. En elke verskaffer sal jou verseker dat sý kleur en patroon klere jou onsigbaar gaan maak in die bos.

Ek sien anderdag 'n advertensie van die blou kamoefleer klere wat jy ook te koop kry, waar die verskaffers beweer dat bokke nie blou kan sien nie. Dan demonstreer hulle die klere deur iemand op 'n plek doodstil te laat sit met die klere aan en dan te wys hoe naby die diere aan die persoon kom sonder om hom te sien. Nou ja, dit mag wees dat bokke nie blou kan sien nie, maar wat hulle nie sê nie, is dat jy met enige tipe klere aan (behalwe miskien helder wit) op dieselfde plek kan gaan sit, en hulle sal jou net so min kan sien as met die blou klere aan!

Want bokke sien hoofsaaklik beweging in die bos. As jy doodstil sit, kan die bokke jou miskien sien, maar hulle oë kan nie identifiseer wat hulle sien nie (bobbejane en ape en sekere roofdiere en voëlsoorte kan wel onderskei). Hulle sal miskien agterdogtig na jou staar vir 'n ruk, en dan maar net weer aangaan om te wei. Dit het ek persoonlik al herhaaldelike kere ondervind, lank voor daar nog iets soos kamoefleerdrag bestaan het. Ek het al 'n duiker op sewe tree afstand doodgeskiet, waar ek oop en bloot langs 'n wild paadjie in die digte bos op *Bosluisbult* doodstil gesit en wag het. Hy het vasgesteek en na my gekyk, maar omdat hy nie kon identifiseer wat dit was wat hy sien nie, het hy net doodstil bly staan totdat ek die geweer baie, baie stadig van my skoot af opgetel het en hom doodgeskiet het.

In die boek "Vlug in die Namib" deur Henno Martin, oor hy en 'n ander geoloog wat in die tweede wêreldoorlog vir twee jaar lank in die woestyn gaan bly het en omtrent nét van wild geleef het, beskryf hy hoe hulle proefnemings gedoen het met verskeie wildsoorte. Hulle het op 'n spesifieke plek vas teen 'n rots, nie eers vyf tree vanaf 'n wild paadjie nie, onderkant die wind gaan regop staan, doodstil. Op verskillende geleenthede het sebras, gemsbokke en springbokke op minder as vyf tree afstand voor hulle verbygeloop sonder om hulle te gewaar!

Daarom dat ek sê: wild gewaar beweging, en dis waar die jagter se swakpunt lê. Want jy móét beweeg deur die bos, en die wild staan dikwels stil en vreet. Maar hoekom trek ons dan in elk geval kamoefleer klere aan? Omdat wild, waar hulle dikwels gejag word, ook al geleer het om 'n jagter se *vorm* te onderskei. Daar is baie ander beweging ook in die bos, deur ander diere of voëls. Maar as hulle die vorm of buitelyne van 'n bewegende jagter gewaar, vlug hulle feitlik dadelik. Daarom probeer mens jou buitelyne breek deur kamoefleerdrag. Ook deur nie sommer in die oopte te loop as jy dit kan verhelp nie. Ek het al op kursusse vir die jong jagtertjies gesê: "Probeer om altyd in die koelte te jag." Skaduwees breek jou buitelyne.

Maar gelukkig het wild ook 'n swakpunt in hulle sigvermoë - hulle kan nie *baie stadige* beweging sien nie. As jy vinnige bewegings maak in die bos, byvoorbeeld as jy met jou hand die lastige mopanie vliegies wegjaag, gaan hulle jou dadelik sien. Maar waar mens bokke se gebrek om *baie stadige* bewegings te kan sien, tot jou voordeel kan gebruik, is wanneer jy byvoorbeeld moet opstaan agter 'n boom omdat jy nie mooi kan sien van waar jy sit nie.

Mense en diere se breine verskil wat sig aanbetref. Mens kan dit amper soos volg verduidelik: Beide se breine neem elke paar millisekondes "foto's", wat 'n beeld in jou brein vorm van dit waarna jy kyk. 'n Mens se brein sal miskien elke duisendste van 'n sekonde 'n "foto" van 'n voorwerp neem, dus kan jy elke keer as iets van posisie verander, onmiddellik die geringste verandering waarneem. 'n Bok se brein neem miskien elke tiende van 'n sekonde 'n foto, wat veroorsaak dat hulle nie uiters stadige beweging kan raaksien nie.

Ek het hierdie beginsel al baie keer in die veld getoets. Ek het al verskeie kere, terwyl 'n bok stip na my staan en staar, my geweer van my skouer afgehaal waar dit met die geweerband gehang het, en dit opgebring om te korrel na die dier en te skiet, sonder dat die bok die beweging gesien het. Maar jy moet baie, baie stadig beweeg. Dit vat seker omtrent vyf minute of meer om die geweer vanaf jou skouer tot in die skiet posisie te kry. Net so het ek al verskeie kere baie stadig agter 'n boom opgestaan sonder dat die bok die beweging gewaar. En van die jong jagters op Junior jagters kursusse dit ook laat doen. (Ek het hulle dit altyd eers vooraf laat oefen).

Maar dis nie altyd net die bokke self wat jou gewaar nie, onthou dat daar sommer baie "klikbekke" in die bos is. Goed soos kwêvoëls, tarentale, bont kiewiete (wat my broer Jopie "dam-spietkops" noem en wat hom altyd by 'n dam verklik) en ander voëlsoorte het alarmkrete waarmee hulle die wild waarsku. Soms kan jy daarmee wegkom, as dit 'n voëlsoort is wat teen roofdiere ook waarsku. Maar daar is ander voëlsoorte soos byvoorbeeld hadidas, (so sê die Zoeloes) wat nét teen mense waarsku. So as hierdie tipe voëls hulle waarskuwingskrete deur die bos laat weergalm, hardloop die wild sonder om te wag.

Maar voëls kan jou help om wild op te spoor ook. As jy byvoorbeeld kwêvoëls aanhoudend op een plek hoor kwê (of in een rigting beweeg en kwê) en jy weet dat hulle jou nie gesien het nie, kan jy maar die plek bekruip en jy sal wild daar opspoor. En renoster voëltjies, wat buffels waarsku dat daar mense aankom, wys ook, wanneer hulle skreeuend op- en af vlieg, vir die jagter presies waar die ou grote hom in die digte bos inwag.

Jy kry natuurlik mense wat baie beter as ek kan jag, wat op heeltemal ander maniere jag as bogenoemde. Karl Osmers se seun Bennie, wat 'n Professionele Jagter is, loop byvoorbeeld nooit stadig of saggies deur die bos nie. Maar hy is 'n uitmuntende spoorsnyer. Dus loop hy vinnig deur die bos en kyk net vir vars spore.

Die eerste vars spoor wat hy kry (van enige bok) sal hy volg totdat 'n varser spoor hierdie spoor kruis. Dan volg hy hierdie spoor totdat hy 'n nog varser spoor oor hierdie spoor sien gaan, en sal dit dan volg. So sal hy aanhou totdat hy 'n spoor kry van die spesifieke bok wat hy soek, en dit dan volg. Omdat hy so 'n goeie spoorsnyer is, kan hy aan die spore sien wanneer die bok baie naby is, en dán eers sal hy stadig en versigtig nader gaan.

As hy met sy spoor-snyery die spesifieke soort bok wat hy soek, opjaag, sal hy dan daardie bok se spoor volg. Baie effektief, maar nie die soort jag wat 'n minder goeie jagter en spoorsnyer soos ek seker maklik sal kan regkry nie!

Maar die beste manier om die bokke se sintuie teen te werk, is ook die mees bevredigende - en dis om, telkens as jy 'n ent ver geloop het, iewers met jou rug teen 'n mopanieboom (of watter boom jy ook al verkies) te gaan sit, en net die natuur om jou te waardeer. En dit sal heeltemal natuurlik wees om net daar dankie te sê aan die Liewe Vader vir die wonderlike voorreg wat jy het om daar te mag wees

- met jou geweer in die jagveld en net met jou gedagtes alleen.

Want as jy stilsit, is die kanse altyd beter dat jý die beweging eerste sal sien, en nie die bok nie. En baie keer kry jy dan op hierdie manier die kans om jou bok te kan skiet.

Maar 'n bok wat jy só skiet, sal nie die grootste prys wees wat jy daar in die bos kan kry nie. Nee, die grootste prys is die vrede en rustigheid wat jy in jou gemoed sal ervaar met jou rug daar teen jou mopanieboom. En al die klein spoortrappertjies daar in die bos wat jy nét sal kan raaksien terwyl jy alleen en baie stil sit. Kyk vir al die kleiner voëltjies en toeratjies wat sommer hier bý jou kom sit - teen hulle skerp ogies werk die kamoefleerdrag nogal verbasend goed. En jy moet mooi luister na die fyn spoortjies op die droë blare en die stemme van die bos, wat nooit, ooit rêrig stil raak nie. En verwonder jou maar aan die Skepping, wat in 'n droë winter bos soveel verskillende kleure, vorms en skakerings kan uitstal.

Dan, alleen daar in die bos met net jou geweer en jou vrede, sal jy, as jy rêrig 'n *ware* jagter is, skielik agterkom dat *dit* wat jy op daardie oomblik ervaar, die *eintlike* rede is waarom jy 'n jagter is.

www.ingramcontent.com/pod-product-compliance
Lightning Source LLC
Chambersburg PA
CBHW071501040426
42444CB00008B/1444